작가를 꿈꾸는 사람들을 위한 필독서

선택받는 글쓰기

유 수 진 지음

도서출판 도훈

작가의 말

여름 내내 생각했다. 작가는 본인이 쓰고 싶은 한 문장을 쓰려고 평생 글을 쓴다는데 나는 어떤 문장을 쓰고 싶어서 이렇게 쓰는 행위에 매달리는 걸까?

가을이 되었다. 마음이 어수선해져서 생각도 헝클어지려 했다. 길을 걷다가 문득 어지럼증을 느껴 걸음을 멈췄다. 어제보다 높아진 하늘이 참 넓고 파랬다. 가슴에 박혀 있는 자갈 크기의 외로움이 주먹만 한 돌멩이로 커졌다. 명치가 아파서 부러 헛기침을 두어 번 했다. 주머니에 넣어둔 햇대추를 꺼내 꼭꼭 씹으며 생각했다. '내가 혹시 이미 그 문장을 알고 있는 게 아닐까.'

사람들 앞에서 속을 드러내지 않으려고 노력했다. 말을 많이 했다가 나도 모르게 속사정을 내뱉고 온 날엔 한밤중에 화가 치밀어서 이불을 휙 걷어찼다. 자다가 벌떡 일어나기도 했다. 그래서 집 밖으로 나설 때마다 말조심해야지, 입을 조심해야지 결심했더니 어느 틈에 나는 과묵한 사람이 되어 있었다. 그러다 어느 날 마음이 조금만 느슨해지면 그동안 말하지 않은 속마음을 마구 떠들었다. 그런 일이 반복되어 마음이 불편했다.

글을 발표할 때도 속사정을 들키지 않을까 노심초사했다. 그러면서도 자꾸 변명 같은 문장을 슬쩍 끼워 넣고 싶었다. 어디까지 말해버린 건지 점검하느라 글을 다 써 놓고도 마감 날짜가 한참 지나도록 보내지 못한 적도 있다. 그러다 어떤 원고를 쓸 때는 너무 적나라하게 내 사정을 드러내는 바람에 원고를 보내기 전날 부랴부랴 내용을 다 지우고 새로 쓰기도 했다. 그런 일이 반복되어서 불안했다.

내가 쓰고 싶은 한 문장이 무엇인지 여름에 시작한 질문의 답을 가을이 되었는데도 찾지 못해서 심란해졌다. 내가 쓸까 봐 걱정되는 말이 실은 내가 진짜 쓰고 싶은 문장이어서 계속 의식하는 건가. 내가 쓰고 싶은 한 문장과 내가 감추고 싶은 마음이 혹시 같은 게 아닐까. 나는 어느새 안절부절못하고 있었다.

하고 싶은 말이나 이루고 싶은 일이 너무 당연해서 민망한 경우가 많다. 당연한 건 유치한 것 같고 그래서 창피하다. 사무실로 가는 골목길 삼거리에 감나무가 있다. 서둘러 걷던 어느 아침에 감나무에 달린 감이 끝부터 붉어지는 게 보였다. 파란 감의 끝이 옅고 붉게 반짝여서 딸깍, 불이 들어온 것 같았다. 감나무에 불이 켜진 그날 나는 '반짝이고 싶다'라고 쓰고 싶었다. 그러면서도 '나는 반짝이고 싶다'라는 말은 감추고 싶었다. 더는 모른 척하지 말자고 내가 내게 넌지시 말했다. 그런데 가만히 보니 이 문장은 낯이 많이 익었다. 오래전 습작 시절에 「건전지」라는 시에 이미 썼기 때문이다. 습작 시절에 쓴 글 대부분은 웬만해선 다시 들춰 보지 않는데 「건전지」는 종종 꺼내서 다시 보곤 했다. 아무래도 이 문장 때문에 무의식적으로 자꾸 꺼내 보게 되었나 보다.

반짝이고 싶은 마음은 누구에게나 있다. 이 책을 함께 읽는 이도 반짝였으면 좋겠다. 그 분야가 시가 될 수도 있고 소설이 될 수도 있으며 전문서나 에세이가 될 수도 있다. 또 바리스타일 수도 있으며 구두 디자이너일 수도 있고 엔지니어일 수도 있다. 트럭 운전사일 수도 있다. 당신이 어디에 있든 당신은 반짝일 것이다. 당신이 하는 일에서 당신은 선택받을 것이다. 그런 당신을 응원한다.

 '시적이다'라는 말이 있다. 시적이란 시의 정취를 갖는 걸 일컫는다. 대상이 가지고 있는 깊은 내면과 맞닿으면서도 어딘가 낯설어서 즐거운 놀라움을 줄 때 시적이라고 한다. 시적인 표현 하나로 글이 돋보이기도 하고 풍성해지기도 한다. 1부~3부는 시적인 문장을 잘 쓰는 방법을, 4부~6부는 글을 온전하게 완성하는 방법을 기술했다. 7부는 참고할 창작시를 배치했고 8부는 시작 노트를, 9부는 글 쓰는 마음에 대한 내 생각을 썼다. 첫 글자를 쓰기 시작해서 하나의 글로 온전히 완성하며 겪은 경험을 담았다.

2023년 하얀 겨울,

유 수 진

차례

1부 소재 찾는 방법

글 소재는 어디에서 찾을까? … 13

객관적 상관물이 무엇일까? … 17

글을 어떻게 시작할까? … 25

2부 묘사하는 방법

묘사 … 33

사물 되어보기 … 39

사물이 되어보는 연습 … 47

어떻게 하면 세밀한 낱말을 쓸까? … 53

3부 직유로 문장 완성하는 방법

직유법을 잘 쓰는 방법 … 63

사물과 정서 연결하기 … 69

개인적 경험 이용하기 … 75

직유로만 채운 시 … 79

4부 글을 확장하는 방법

상상력을 어떻게 확보할까? … 89

무엇을 어떻게 쓸까? … 97

무엇을 쓸까? … 101

어떻게 쓸까? … 107

5부 문장 다듬는 방법

'것'을 빼면, '것'만 빼도 … 115

글쓰기의 적당한 거리는 어느 만큼일까? … 117

말줄임표의 쓰임 … 123

6부 꾸준한 글쓰기 연습

글에도 말투가 있다. … 129

얼마만큼씩 써야 연습이 될까? … 133

따라쓰기, 필사와 필타 … 139

7부 창작시

  폭포 … 146

  귤 … 149

  엉덩이 눈 … 152

  염소 방목장 … 154

  발을 만졌다고 했다 … 156

  허겁지겁 … 158

  양띠 … 160

  해류도 슬픔 … 162

  발목만 남았네 … 164

  새 … 166

  당나귀 속엔 몇 마리나 되는 당나귀가 들었을까? … 169

  구겨진 거미들 … 172

  경사 … 174

  누워서 하는 생각은 멀리도 간다 … 177

  저녁의 집 … 180

발끝의 사례 … 182

식물의 말투 … 184

8부 시작 노트

거꾸로 읽는 버릇이 있다. … 189

저녁 속으로 걸어가거나
저녁 밖으로 걸어 나오거나 … 193

육교의 사주쟁이 노인 … 197

빈 몸으로 갈 수 없는데
어떻게 욕심을 버릴까. … 201

9부 글 쓰는 사람의 자세

물 흐르듯 … 209

사물이 되어가는 지경 … 213

점등 … 217

양팔 벌린 감정 … 221

1부
소재 찾는 방법

글 소재는 어디에서 찾을까?
여기와 저기의 차이

객관적 상관물이 무엇일까?
건전지와 나

글을 어떻게 시작할까?
객관적 상관물, 장악할 수 있는 범위

글 소재는 어디에서 찾을까?
여기와 저기의 차이

글을 쓰려면 무엇을 쓰고 싶은지 알아야 하는데 그게 쉽지가 않다. 막연하게 글을 쓰고 싶다는 생각이 들어서 자리를 잡고 앉았으나, '어떻게 시작하지?' 엄두가 나지 않는다. 무엇을 쓸까? 무엇을 쓰지? 계속 고민해도 알 수가 없다. 생각을 거듭할수록 점점 더 막막해진다.

① 무엇을 쓰겠다고 정해라.

② 가까운 곳에서 구한다.

③ 눈에 보이는 것을 쓴다.

조금 수월하게 접근하는 방법이 무엇을 쓰겠다고 결정해 버리는 방식이다. 지금 TV에서 당나귀가 나온다. 등에 등짐을 싣고 언덕을 오르는 히말라야의 나귀들이다.

④ 당나귀를 쓰기로 했다. 오늘 쓰고 싶은 이야기는 당나귀가 된다.

당나귀로 무슨 이야기를 쓸까? 당나귀에게 물어볼까? 당나귀야, 당나귀야, 너는 무슨 말을 하고 싶어? 하고 싶은 말이 뭐야? 라고 물어보면 당나귀는 절대 대답하지 않는다. 그럴 땐 그저 당나귀를 본다. 당나귀를 오래 볼수록 당신을 바라보는 당나귀의 눈에 애정이 깊이 서린다.

네 다리로 다니면 두 다리로 다니는 것보다 편할까? 등에 짐을 싣고 언덕을 오르는 일은 할 만할까? 누구를 태울 때가 그나마 좋을까? 당나귀는 어떤 짐을 등에 싣고 싶을까? 짐꾼이 짐을 싣는 아침이면 당나귀도 눈치를 보겠구나. 당나귀가 밤새 기다리는 짐이 있을까? 지난밤에는 곤하게 코까지 골며 자느라 그런 생각조차 못 했으려나? 사람을 태우면 기분이 어떨까? 등짐으로 사람이 나을까? 보따리가 나을까? 등에 올린다면 소금도 등짐이고 사람도 등짐이다. 이런저런 생각을 하다 보면 당나귀가 불쑥 말을 건다.

 그런데 저기, 오르막을 오르다 보면 불편한 쪽이 있거든. 불편한 짐을 확 버릴까 싶을 때도 있지. 차라리 그러는 게 좋겠어. 미련퉁이 짓은 그만하자. 그런 생각도 했어. 그렇지만 한쪽 짐만 남으면 양쪽 균형이 안 맞아서 뒤뚱거리게 된다고. 기우뚱거리며 오르막을 오를 땐 더 위험하니까, 불편해도 못 버렸지. 그런 적이 종종 있어. 여기에서 짐을 실어서 저기로 나르는 일을 평생 했는데, 언덕을 매일 넘었는데 말이야. 막상 내 등짐 중에 내 것은 없었더라고. 참 웃긴 건, 짐 때문에 무거웠는데 짐을 내려놓으면 별안간 이상해. 마구 불안해. 등짐을 내려놓고 쉴 때는 말이야. 당나귀 한 마리가 도망간 거 같아. 이런 걸 기가 막힌다고 해야 하나. 그나마 발목에 달린 방울 소리가 경쾌해서 언덕을 오르는 일이 아름다웠던 거야. 그런데 지금 생각해 보니 여기가 여기인지 저기가 저기인지 헷갈리네. 여기가 저기였던가.

주저리주저리 말하던 당나귀가 으앙으앙 소금처럼 웃고 으앙으앙 솜뭉치처럼 울면, 나도 어느새 소금처럼 으앙으앙 웃고 솜뭉치처럼 으앙으앙 운다.

「당나귀 속엔 몇 마리나 되는 당나귀가 들었을까」 창작시 169쪽

객관적 상관물이 무엇일까?
건전지와 나

글쓰기에서 대상을 정하는 일은 중요하다. 작가는 사물·상황·사건 중 하나를 글쓰기의 대상으로 고르게 된다. 글감이 되는 대상을 일컬어 객관적 상관물이라고 부른다.

① 객관적 상관물이란 작가가 자신의 정서를 표현하려고 동원하는 사물·상황·사건을 말한다.

먼저 객관적 상관물이 사물일 때를 생각해 보자. 그 사물은 대개 작가가 눈으로 볼 수 있는 직관적인 물건이다. 때로 칫솔처럼 매우 개인적인 물건이기도 하고 공원에 설치된 벤치처럼 공공의 물건일 때도 있다.

② 초보적인 글쓰기를 하던 어느 날 내 눈에 들어온 건전지가 있었다. 그날 건전지가 내 글의 객관적 상관물이 되었다.

③ 건전지를 왜 그렇게 파는 걸까?

건전지 하나가 필요해서 마트에 갔다. 그런데 마트에서는 건전지를 하나씩 팔지 않고 몇 개씩 묶음으로 팔았다. 보통은 다섯 개, 여덟 개, 열 개의 묶음이 많았다. 편의점에는 두 개로 소포장된 상품도 있었지만 가격이 문제였다. 한 번은 건전지 두 개를 사는 가격에 천 원만 더 보태면 건전지를 다섯 개 살 수 있었다. 다른 경우엔 5개가 한 묶음으로 포장된 가격과 10개들이 기획상품 가격이 심지어 같기도 했다. 건전지를 진열해둔 판매대 앞에서 한참을 망설이다가 결국 10개들이 기획상품 건전지를 샀다. 그때 나는 현명한 소비를 생각하며 상식적으로 판단했지만 결과적으로는 건전지 하나가 필요한 상황에서 건전지 열 개를 사고 말았다. 낡은 건전지 하나를 새 건전지로 갈아 끼우고 나니 우리 집에는 건전지 아홉 개가 남았다. 방바닥을 뒹구는 아홉 개의 건전지의 처지가 딱해 보였다. 분명 일을 잘 끝냈는데 왜 찜찜하지? 남은 건전지를 보고 있으니 아홉 개의 건전지들이 난감한 표정을 지으며 서로 웅성거리는 듯했고 심지어 내게 하고 싶은 말이 있는 듯 보였다.

어떤 건전지는 나는 어디로 가야 하나요? 내가 어디로 가서 반짝이길 바라세요? 라고 묻는 듯했고 다른 건전지는 영문을 모르겠다는 표정으로 두리번거리는 듯했다. 또 다른 건전지는 에라 모르겠다 생각하며 데굴데굴 굴러다니는 듯 보였다. 몇몇 건전지들은 이런 일이 왜 벌어졌는지 이 사태의 원인에 대해 서로 떠드는 듯했다. 그런 건전지들을 보고 있으니 나도 마음이 어리둥절해져서 의식하지 못한 채 휴~ 한숨을 쉬었다.

어떡하지? 잘 두었다가 다음에 요긴하게 써야겠다. 다음에 필요할 때는 오늘처럼 급하게 마트로 달려가지 않아도 될 거야. 혼잣말을 하고 일단 남은 건전지를 집 안의 어느 서랍에 잘 넣어두었다.

그렇게 우리 집에는 아홉 개의 여분 건전지가 생겼다. 그렇지만 다시 건전지가 필요한 상황이 오면 오늘은 다른 사이즈의 건전지가 필요하다.

④ 왜 건전지는 각각 사이즈가 다를까?

1.5V AA 건전지가 아홉 개 남았는데 1.5V AAA 건전지 2개가 필요한 상황이 도래했다. 아홉 개의 건전지는 무슨 생각을 했을까? AA 건전지는 얼른 AAA 건전지로 변신하고 싶었을지도 모르겠다. 어쩌면 정말 그랬을지도 모르겠다. AA 건전지는 AAA 건전지로 변신하는 방법을 고민하느라 속으로 무척 분주하고 심란했으려나? AA 건전지 9개가 서로 눈치를 봤을까? 혹시 쟤가 변신하는 거 아냐? 나는 변신할 줄 모르는데 어쩌지, 걱정이라도 했을까?

나는 또 아홉 개의 건전지를 손으로 굴리며 너희

중에 두 개만 AAA로 변신해주면 안 되겠니? 그렇게 안 될까? 생각했고 혹시 지난번에 AA만 들어있는 상품을 산 게 아니라 AAA도 섞인 기획상품을 사지는 않았을까? 혹시 내가 그러지는 않았을까? 기대하고 의심하면서 이 구석 저 구석을 뒤진다. 그렇지만 그런 일은 없었고 나는 또 급하게 마트로 간다.

    마트에 갔더니 이번에는 8개짜리 기획상품을 판매한다. 나는 4개만 들어 있는 기본 상품과 1+1이라고 띠까지 두른 기획상품 앞에서 또 서성거린다. 1+1이라는 숫자가 굵고 선명하다. 가격은 이백 원 차이가 났다. 이백 원을 덜 내면 4개를 사고 이백 원을 더 내면 8개를 살 수 있는 상황에서 8개들이 기획상품을 구입하는 현명함을 포기하기도 했다. 4개짜리 기본 상품을 집어서 계산대로 갔더니 너무나 친절한 캐셔가 친절하게 알려준다.

"아니 손님! 이거 8개짜리 있어요. 값이 같아요. 내일까지만 행사해요."

엄밀히 따지면 이백 원의 차이가 나니 같지 않다. 대략으로 말하면 같다고 해도 무방한 차이 앞에서 나는 마치 몰랐던 듯, 미처 알뜰 상품을 보지 못한 듯, "아... 그래요."라고 답하며 건전지 8개를 샀다. 집으로 돌아와서 AAA 1.5V 건전지가 꼭 필요한 곳에 건전지를 끼웠다. 집에는 여분 건전지가 6개가 더 생겼다.

우리 집에는 건전지가 자꾸 늘어난다. 책상 서랍 속에 AAA 건전지들이 돌아다니고 책상 위에 AA 건전지 하나가 뒹굴고, 창턱엔 작년에 산 건전지와 언제 샀는지 알 수 없는 건전지가 바깥 먼지와 방 먼지를 두르고 있다. 내 마음속에도 아직 끼울 곳을 찾지 못한 건전지가 여러 개 있다. 작년 건전지인지 심지어 십 년 전 건전지인지, 기억이 가물거린다. 오늘 아침 새록새록

피어난 건전지도 있다. 나도 반짝이고 싶다.

굴러다니는 것들은 당당하다
만원 전철에 서서 목적지를 향하는 사람들처럼

어깨를 맞댄 마음이 창턱 아래 좌판을 펼쳤다.
어쩌면 제자리를 찾아간 그것보다 더 많은 열정을

주고받았다.
방바닥에 남아 서로의 무게를 헛갈리기도 했다.

나도 반짝이고 싶다.

- 유수진, 「건전지」 전문

⑤ 작가가 작품으로 하고 싶은 말은 '나도 반짝이고 싶다'이며 객관적 상관물은 건전지이다.

나도 반짝이고 싶다고 말하고 싶어서, 건전지가 이렇다느니 저렇다느니, 이러쿵저러쿵, 주저리주저리 생각하고 늘어놓는 일, 그것이 바로 글쓰기이다.

건전지 하나를 사러 갔다가 열 개짜리 묶음을 산 날이 문득 떠오른다. 과연 나는 그때 열 개를 사겠다고 스스로 선택한 걸까? 혹시 그런 선택을 강요받은 건 아닐까? 의심하기 시작했다.

하나가 필요해서 하나를 사러 갔다가 하나를 사지 못하고 열 개를 샀다. 세상이 네게 건넨 제안은 다섯 개를 살래? 열 개를 살래? 그런데 값은 별 차이가 없어. 선택은 네가 하는 거야! 알았지? 명심해! 네가 결정했다구! 였다.

그날 나는 정말 내 의지로 결정했을까, 궁금하다. 내 의지로 내가 스스로 골랐다고 믿는 과거가 실은 그렇지 않은 것 같아서 불편해지기 시작했다.

글을 어떻게 시작할까?
객관적 상관물, 장악할 수 있는 범위

글을 어떻게 써요? 라는 질문을 받을 때가 있다. 이런 질문을 들으면 참 막막하다. 그런데 곰곰이 질문을 뜯어 보니 막막한 것은 이 질문 자체였다. 게다가 조금만 돌이켜봐도 같은 질문을 하는 나를 쉽게 떠올릴 수 있었다. 나도 이 질문을 많이 했다. 다른 사람에게도 여러 번 물었고 내게도 같은 질문을 했다. 게다가 지금도 자주 하는 물음이다.

글을 어떻게 써요? 이 질문을 다시 자세히 들여다보자. 이 문장의 곳곳에는 형용사와 부사가 숨어 있다. 글을 어떻게 잘 써요? 글을 어떻게 길게 써요? 글을 어떻게 잘 읽히게 써요? 등등이다.

글을 어떻게 써요? 이 질문을 조금 더 면밀하게 살펴보니 군데군데 명사와 동사도 숨어 있었다. 어떻게 해야 글을 잘 써요? 무엇을 써야 길게 쓸 수 있을까요? 글을 어떻게 시작해야 하나요?

( ) 글을 어떻게 (하면) ( )하게 써요? 괄호에는 글의 목적과 대상에 따라 다른 말이 들어간다. 괄호를 채우는 일은 질문을 구체화하는 작업이다. 그리고 지금 내게 필요한 질문을 만드는 방법이다. 여러 개의 괄호가 보이더라도 괄호를 하나씩만 채워서 묻자. 하나로 한 문장을 쓰고 하나로 한 단락을 쓰고 하나로 한 챕터를 쓰자.

잘 물어야 한다. 그러려면 자신에게 어떤 조언이 필요한지 알아야 하고 자신의 상황을 안다는 건 노력한 시간이 축적되었다는 뜻이다.

당신의 바로 앞에 무엇이 놓였는지 궁금하다. 반쯤 남은 커피잔일까? 앞집이 내다보이는 창문 앞일까? 한 입 베어먹고 내려놓은 사과가 말라가고 있을까?

혹시 주머니 속 만 원 한 장을 만지작거리고 있을까? 짠 냄새 나는 어시장을 기웃기웃 돌아다니고 있으려나?

 시작은 바로 앞에 놓인 사물에서 한다. 그것이 지금 가장 자세히 관찰할 수 있는 사물이며 구체적으로 장악할 수 있는 범위이다.

 앞에 놓인 사과가 주먹보다 큰지 작은지, 당신의 주먹이 늙은 주먹인지 젊은 주먹인지, 사과에 흠이 몇 개 파였는지를 관찰한다. 그 흠집의 주인이 과연 누구인지, 벌레가 주인인지, 햇살이 주인인지를 궁금해했다. 주먹을 쥐니 점이 도드라져서 사과의 얼룩처럼 보인다느니, 태양이 놀러 왔다가 신발 한 짝이 벗겨진 줄도 모르고 집으로 돌아가서 사과에 흠집이 파였다느니, 관찰한 모습과 사유한 내용을 연결한다. 관찰과 사유에 상상을 보탠다.

 사과에 노란 멍이 생겼다고, 어제 아침에도 멀쩡했

는데 커다랗게 멍이 들었다고, 아무래도 어젯밤 달님이 앉았다 간 모양이라고, 멍이 깊은 걸 보니 달님에게 고민이 생겼나 보다, 라고 상상한다.

사과의 얼룩 - 내 주먹에 있는 점
사과에 팬 흠 - 태양이 잃어버린 신발 한 짝
사과에서 멍든 부분 - 달이 고민에 빠져 한참 앉았다 간 자리

관찰과 사유에 상상을 더해 글을 쓰면 당신의 종이와 내 종이가 꽉 차서 다음 페이지를 넘겨야 하고 노트를 한 권 더 사야 한다.

여기서 사과는 객관적 상관물이다. 사과의 비교 대상이 되는 주먹을 직유법의 도구로 활용한다. 그렇게 하려면 사과를 자세히 관찰할 뿐만 아니라 주먹도 면밀하게 관찰해야 한다. 그래야 사과와 주먹의 비슷한 점

과 차이점을 분별해서 객관성을 확보하게 된다. 객관성 확보란 객관적인 관찰로 얻은 객관적 사실에 기초를 둠을 뜻한다.

객관적 사실에 뿌리를 둔 상상은 독자의 감탄을 끌어낸다. 설령 많이 엉뚱해도 사람들이 고개를 끄덕이게 된다. 작가가 객관적 사실과 객관적 사실로 징검다리를 놓으면 그 징검다리를 건너는 독자는 즐거운 놀람을 경험한다. 그 징검다리가 개울을 넘어 하늘에 놓여도 수긍한다. 그렇지만 객관적 사실에 근본을 두지 않은 상상은 허무맹랑할 뿐이어서 독자의 동의를 얻지 못한다. 그러므로 글을 쓸 때 작가가 장악할 수 있는 사물·상황·사건을 대상으로 잡는 일이 매우 중요하다. 객관적 상관물을 잘 관찰할 수 있어야 객관성을 확보힐 수 있기 때문이다.

다시 사과로 돌아와서 사과의 크기를 가늠해 본 주

먹을 직유법의 도구로 쓰자. 사과에 팬 흠의 개수는 마음에 난 상처의 개수일 수 있다. 혹은 목격한 사건일 수 있다. 사과에 흠을 낸 장본인이 벌레인지 햇살인지를 알아내는 일은 바로 글의 방향이 된다.

   일단 성공이다. 글을 수정하고 다듬는 일은 그다음이다.

2부
묘사하는 방법

묘사
양에게 풀과 꽃은 어떻게 다를까?

사물 되어보기
나는 폭포, 나는 바람, 나는 한라산

사물이 되어보는 연습
내가 한라산이라면

어떻게 하면 세밀한 낱말을 쓸까?
그림자와 관찰

묘사

양에게 풀과 꽃은 어떻게 다를까?

중학교 3학년 봄, 어느 화창한 토요일, 안경점에서 안경을 맞추고 나왔을 때 정말 좋았던 기억이 있다. 그날 내 옆에는 엄마가 있었다. 그래서 더 좋았을까.

① **양의 시력을 안경으로 쓸 수 있다면 좋겠다. 동네 안경점에서 시력 검사를 하고 양의 시력으로 교정한 안경을 살 수 있다면 좋겠다.**

안경 쓴 사람을 은근히 부러워했고 나도 멋진 안경 하나 갖고 싶다고 생각하던 나이였다. 열다섯, 나는 예뻐지고 싶었다. 그러나 예뻐지고 싶다는 말은 차마 못 했다. 지나고 생각해보니 열다섯 살엔 당연히 예뻐지고 싶다. 예뻐지고 싶은 마음은 아주 자연스러운 바람이다. 나도, 내 친구도, 내가 모르던 열다섯 살도, 모두 비슷한 마음으로 아침마다 거울을 봤다.

야간 자습을 몇 달째 하면서 시력이 눈에 띄게 나빠졌다. 급기야 칠판 글씨가 잘 안 보였다. 그래도 앞자리에 앉아서 그럭저럭 지내고 있었는데 학기 중에 실시하는 학생 신체검사에서 시력을 교정해야 한다는 말을 들었다. 이후 나는 안경 쓰는 사람, 안경을 가진 사람이 되었다. 그러다 안경이 꼭 필요한 사람이 되었다.

양을 객관적 상관물로 삼아 글을 쓴 적이 있다. 양으로 글을 쓰려고 하니 막상 아는 게 별로 없었다. 내가 잘 안다고 생각한 대상에 대해 쓰려던 것이었는데 그 과정에서 사실은 내가 그 대상을 잘 모른다는 걸 깨달았다. 그러면 도대체 어디서부터 짚어가야 하는 거지? 막막해졌다. 그래서 내가 아는 바에서부터 시작해야 했다. 그럴 수밖에 없었다.

내게 꼭 필요한 것은 무엇일까? 에서 출발했다. 가만히 생각해 보니 나는 매일 밥을 먹어야 살 수 있었다. 그것은 선택의 문제가 아니었다. 양에게도 매일 먹어야 한다는 사실은 선택의 문제가 아닐 것이다. 그래서 양의 먹이에 대해 고민하기 시작했다. 양이 무엇을 먹더라? 양이 좋아하는 먹이는 뭐지? 그러다 꽃집 앞을 그냥 지나가지 못하는 나를 떠올려서 양과 비교했다. 내가 꽃집 앞에서 꽃을 보며 감탄하듯이 양도 들판에서 발견한 꽃의 아름다움에 홀딱 빠질까?

양에게 풀과 꽃이 다를까? 어떻게 다를까? 풀이라면 먹고 꽃이라면 먹지 않을까? 너무 아름다운 꽃은 차마 먹지 못하고 그 앞을 서성이기만 할까? 풀과 꽃을 어떤 기준으로 구분할까? 아마도 먹어도 되는지 먹으면 배가 아프지는 않은지 등을 살필 것이다.

② 묘사를 잘해야 좋은 글을 잘 쓸 수 있다는 말을 많이 들었다. 묘사만 잘해도 글을 완성할 수 있다고도 했다. 그렇지만 도대체 묘사가 뭐란 말인가? 어떻게 해야 묘사를 잘하게 될까?

대상이 사물이든, 상황이든, 그 대상을 묘사하고 싶을 땐 그냥 보고, 보이는 대로 쓴다. 관찰하는 대로 주저리주저리 쓴다. 잘 썼는지 못 썼는지 별로 안 중요하다.

일단 쓴다. 나는 주저리주저리 쓴다. 100문장을 써서 한 문장이라도 건지면 다행이야, 라는 생각은 하지도 않는다. 그런 생각을 미리 하면 100문장을 쓸 수 없다. 99문장이 버려질 텐데, 라고 생각하는 순간 주저리주저리 쓰는 행위가 너무 버겁다.

③ 묘사 : 어떤 대상이나 사물과 현상을 언어를 사용하여 그림을 그리듯 말하거나 쓴다.

묘사하고 싶을 때 이렇게 생각해 보면 어떨까? 동네 안경점에서 시력 검사를 하고 안경 하나 맞췄다고 결정한다. 그냥 그렇다고 생각으로 결정한다. 머릿속으로 안경점에 가서 시력 검사를 하고 안경을 받아서 안경점

밖으로 나온다. 새 안경을 쓰고 바라본 세상을 쓴다.

양의 시력을 가지면 풀과 꽃을 구분하지 않는다. 양의 시력을 베개 삼아 하늘을 봐도 좋고 양의 시력을 베개 삼아 잠을 청해도 좋다. 이 생각 저 생각을 하느라 잠을 설치고 중요하지도 않은 생각을 하다가 별 의미 없는 개꿈도 꾸겠지만 밤새 꿈속에서 허둥대다 깬 이른 아침엔 허망한 마음도 들겠지만 괜찮은 판단 기준 하나를 확보할지도 모를 일이다. 그러면 혹시 좋은 글 하나 얻을 수 있겠다.

나는 지금도 예뻐지고 싶다는 생각을 매일 한다.

「양띠」 창작시 160쪽

사물 되어보기
나는 폭포, 나는 바람, 나는 한라산

　글을 쓰려고 마음먹고 자리에 앉았다. 마음먹은 대로 생각을 펼치고 싶은 욕망이 굴뚝같다. 그렇지만 글을 쓰기 위해 노트를 펼치면 갑자기 세상은 온통 새하얘지거나 새까매지고 만다. 내 글쓰기 역량을 십분 발휘하고 싶지만 볼펜을 들고 내려다보는 세계는 막막하고 황망하다.

　그러면 글을 쓸 때 도대체 어떤 마음가짐이어야 이런 곤란한 상황에서 벗어날 수 있을까? 이런저런 고민을 하다 보면 내가 글을 쓸 마음을 가지기는 했는지 따져보게 된다. 급기야 내가 작가가 될 수 있는 사람인지 의심하게 된다. 그렇지만 여기서 먼저 말하고 싶은 건 글을 쓰려고 마음먹었다면 이미 당신은 작가가 될 수 있는 사람이라는 것이다. 단지 무엇에서 시작할지 글쓰기 방법을 아직 잘 모를 뿐이다. 글쓰기는 구구단을 외듯 연습하면 배울 수 있다. 구구단을 한 번 제대로 암기하면 한쪽 주머니에서 계산기를 꺼내듯 수시로 꺼내 쓸 수 있듯이 글쓰기도 한 번 제대로 연습해 두면 다른 쪽 주머니에 넣어 두고 필요할 때마다 꺼내 쓸 수 있다. 이 글을 읽고 있는 당신은 이미 작가가 될 자격이 충분하다.

글을 쓰고 싶은데 어떻게 할지 몰라 당황스럽고 심지어 외롭다면 손으로 대상을 움켜쥔다는 기분으로 글감을 꼭 잡는다. 글쓰기 대상이 가까운 곳에 있거나 잘 아는 물건이라면 조금 유리하다. 그렇게 백지 위에 쓰고 싶은 생각을 하나하나 끌고 온다.

① **막막하고 외로울 때 하나를 붙잡는다. 하나를 꼭 붙잡는다.**

지난달에 동네 마트에서 사서 두 개를 쓰고 '다음에 써야지' 중얼거리며 책상 서랍에 넣어 둔 건전지가 있다. 딱풀을 찾으려고 책상 서랍을 열었는데 건전지에 눈이 갔다면 건전지를 꼭 붙들고 써도 된다. 욕실 수납장 속 드라이기여도 좋다. 마시고 내려놓은 물잔이어도 좋다.

② 내가 폭포라면 어떨까? 어떤 기분일까? 생각했다.

유명한 폭포를 보러 간 적이 여러 번 있다. 제주에 자주 놀러 갔다. 세 번의 수학여행과 다섯 번의 가족여행과 그리고 출장들. 제주도에도 폭포가 있다. 그중에서 서귀포시에 있는 정방폭포에 주목했다.

③ 관광객이 많이 찾아오는 폭포는 방문객을 보며 무슨 생각을 할까? 궁금했다.

유명한 관광지에 놀러 갔는데 거기 폭포가 있다는 말을 들으면 사람들은 폭포를 보러 간다. 나도 그랬다.

그렇다면 여기서 생각해 본다.

④ 폭포를 찾아가는 길은 어떤 길인가? 경사 없는 평탄하고 편한 길이었나?

대개 폭포를 보러 가는 길은 산을 오르고 계단을 오르고 다시 내려가는 길이다. 결코 쉽지 않은 여정이다. 많이 걸어야 도착할 수 있다.

⑤ 그 어려운 길을 걸어가 나는 폭포에게 무엇을 확인하고 싶었을까?

폭포에 가까이 다가갈수록 소리가 커진다. 폭포 앞에 도착하면 물소리가 너무나 커서 함께 간 사람들이 하는 말조차 잘 듣지 못한다. 거대한 물줄기가 쏟아지면서 물방울이 내 몸 여기저기에 묻는다. 나이아가라폭포에 두 번 다녀왔다. 캐나다 쪽에서 나이아가라폭포를 본 적이 있고 미국 쪽에서 나이아가라폭포를 본 적이 있다. 미국 쪽에서 나이아가라폭포를 보러 갔을 때는 두꺼운 우비를 입었는데도 흠뻑 젖었었다. 그 험한 길을 가서 폭포를 봐야겠다고 마음먹었다면 분명 폭포에게 알아보고 싶은 뭔가가 있었을 거라고 생각하게 되었다.

⑥ 폭포를 보러 갔을 때 경험하는 객관적인 사실 자체를 떠올린다.

폭포를 찾아가는 여정에서 맞닥뜨린 객관적 사실과 폭포 앞에 도착해서 목격한 객관적 사실을 자세히 떠올렸다. 그리고 그 어려운 과정을 감내하고라도 폭포에게 꼭 듣고 싶은 이야기가 있다고 생각해 봤다.

⑦ 나는 폭포가 하는 말을 듣고 싶은 거야. 그래서 폭포를 찾아가는 거야. 그런데 폭포도 나와 같은

마음일까? 내가 찾아오기를 학수고대했을까?

폭포도 저마다의 사정이 있다. 깊은 산중에 있어서 사람들이 거의 찾아오지 않는 폭포도 있고 이른 아침부터 사람들이 줄을 길게 서서 끝도 없이 올라오는 나이아가라폭포도 있다. 정방폭포처럼 바닷가 앞에 있는 폭포도 있고 이름도 없는 폭포도 있고 사람에게 아직 발견되지 않은 폭포도 있다.

⑧ '내가 폭포라면'이라고 생각한다.

내가 폭포라면 누가 찾아왔을 때 반가울까? 내가 폭포라면 사람들이 찾아와서 뭔가를 물어볼 때 그 소리가 잘 들릴까? 내가 폭포라면 대답하기 곤란한 질문을 받았을 땐 어떻게 할까? 물소리가 너무 커서 그때 일을 잘 못 들었다고 답할 수도 있겠다. 나, 그래! 그 일을 보긴 봤는데 무슨 말을 하는지는 못 들었어. 봐봐, 여기,

엄청 시끄럽잖아!

묻고 답하는 일을 글로 한다. 글로 묻고 글로 답한다. 질문을 구체적으로 쓸수록 답도 구체적으로 쓰게 된다. 질문을 잘게 쪼개서 한다면 답은 사실적이 된다. 질문하고 답하고 또 질문하고 답을 하다 보면 흰 종이든, 마음의 한가운데이든, 컴퓨터 화면이든, 어느새 문장으로 채워져 있을 것이다. 당신도 시적인 표현을 쓸 수 있다. 당신은 선택받는다.

초등학교 저학년일 적에 몇 날 며칠 구구단을 외운 기억이 있다. 그렇게 암기한 구구단은 여전히 내 주머니에 들어 있다. 다만 구구단도 오랫동안 복습하지 않으면 때로 헛갈리듯이 글쓰기노 복습을 안 하면 까믹을 수 있으니 한 번 제대로 연습을 마쳤다고 방심하지 말고 계속 읽고 쓰는 일을 해야 한다.

사물이 되어보는 연습

내가 한라산이라면

나는 키가 크지 않다. 그래서 살다 보면 까치발을 들어야 할 때가 있다. 부엌 선반 꼭대기에서 물건을 꺼낼 때도 까치발을 들어야 하고 6단 책장의 맨 위에서 책을 뽑을 때도 까치발을 들어야 한다. 멀리 있는 대상을 볼 때도 나는 까치발을 든다. 높은 곳에 있는 물건이야 그렇다 쳐도 멀리 있는 대상을 볼 때는 왜 까치발을 드는 걸까? 아마도 까치발이라도 들어 키를 조금이라도 키우면 멀리 있는 대상이 더 잘 보이지 않으려나 생각하는 모양이다.

나는 키가 큰 사람이 부럽다. 키가 큰 사람은 굳이 까치발을 들지 않아도 높이 있는 물건을 잘 내린다. 키가 큰 사람에 대한 생각에서 큰 나무에 대한 생각으로 그리고 큰 산으로 생각을 옮겨가며 비슷한 점을 끌어냈다. 내가 키가 큰 사람이라면 까치발을 들 일이 없겠네. 내가 오십 년 된 소나무라면 웬만한 높이의 대상은 다 보이겠네. 내가 큰 산이라면 주변 마을에서 일어나는 일은 어지간하면 다 봤겠네.

내가 한라산이라고 상상했다. 한라산에 관한 객관적 사실을 하나씩 떠올렸다. 한라산은 제주도 한가운데 높이 솟아 있다. 한반도에서는 백두산 다음으로 높은 산이고 남한에서는 가장 높은 산이다. 이런 객관적인 사실을 두고 상상의 나래를 펼쳤다. 아! 한라산은 키가 크구나. 그러니 제주에서 일어나는 일을 다 봤겠구나.

한라산은 나이가 몇 살일까? 나이가 아주 많겠구나. 한라산의 키, 한라산의 나이, 한라산의 지리적 위치. 이런 객관적인 사실에 근거해서 상상하고 쓴다. 내가 한라산이라면 뭐라고 말하고 싶을까? 무슨 이야기를 들려주고 싶을까? 꼭 말하고 싶은 게 혹시 있을까? 내가 한라산이랑 친하면 내게 비밀 이야기 하나 넌지시 들려줄까?

누구와 친해지는 방법에는 무엇이 있을까? 전화를 걸어 안부를 물을 수 있다. 그럴 듯한 핑계를 대고 찾아갈 수도 있다. 괜히 말을 걸어 보는 것도 방법이다.

한라산과 친해지고 싶었다. 한라산과 친해지면 못 이기는 척 내게 이야기 하나 들려줄 거라고 믿었다. 책상에서 고개를 들면 바로 보이는 높이에 한라산 사진을 붙였다. 제주도 지도도 그 옆에 붙였다. 책상에서 무언가를 하다가 고개를 들면 내가 의도하지 않아도 한라산이 보였다. 하루가 지나고 일주일이 지나고 한 달이 지나고 백일이 지났다. 그렇게 해서 나는 한라산과 단짝이 되었다.

나는 한라산이에요. 나이가 아주 많아요.

그해 사월에 사람들이 동백꽃처럼 툭툭 떨어졌어요.
매년 겨울이 오면 섬에는 또 동백꽃이 피어요.

가시리의 흰 눈밭에서, 노형리의 검은 돌담 옆에서, 동백꽃이 붉게 붉게 피어요. 그리고 매년 사월이면, 오라리에서 아라리까지 동백꽃이 송이째 툭툭 떨어져요. 하도리에서 상모리까지 땅도 바다도 슬퍼해요.

봄마다 섬 곳곳에 유채꽃이 노랗게 피지요. 유채꽃처럼 노랗게 웃고 떠들 수 있는 봄이 좋아요. 종달리에서 금악리까지 땅이, 노란 미소를 지으면 좋겠어요. 무릉리에서 강정리까지 하늘이, 보름달처럼 유채꽃처럼 밝아졌으면 좋겠어요. 애월 바다도 서귀 바다도, 표선백사장도 성산포 터진목도, 껄껄 웃으며 수다 떨면 좋겠어요.

나는 한라산이에요. 나는 제주에 살아요.
- 유수진 『4·3표류기』 에필로그

스트레칭을 하면 일시적으로라도 키가 커진다고

알고 있다. 공중파 TV 프로그램에서 실험까지 했다. 매우 인상 깊게 봤는데 하루에 십 분의 스트레칭을 매일 실천하기가 어렵다. 꼭 아침이 아니어도 괜찮고 꼭 십 분을 다 채우지 않아도 괜찮고 하루 이틀 빼먹고 해도 괜찮으니 꾸준히 스트레칭을 해야겠다. 글쓰기도 마찬가지다. 정해 놓은 시간에 쓰지 못했어도 괜찮고 정해진 분량을 못 채워도 괜찮다. 하루 이틀 혹은 이삼일 빼먹어도 괜찮다. 그렇게 생긴 빈칸을 채우지 않아도 된다. 다만 앞으로 나아가는 방향으로 행동하는 글쓰기이면 된다.

어떻게 하면 세밀한 낱말을 쓸까?
그림자와 관찰

피터팬이라는 동화는 그림자가 몸에서 떨어졌다는 기발한 상상으로 이야기가 시작된다. 그림자는 분명 상투적인 소재이고 그림자에 대한 상상은 오래되고 낡았다. 그런데 몸에서 떨어진 그림자를 비누로 붙이려고 고군분투하는 피터팬은 전혀 상투적이지 않다. 그 우스꽝스러운 광경을 목격한 웬디는 실과 바늘을 가져와서 그림자를 피터팬의 몸에 다시 꿰매준다. 낡은 상상이 멋지고 아름답게 변했다.

그림자와 비누
그림자와 바느질

그림자는 상투적이고 비누와 바느질은 일상적이다. 깜짝 놀랄 일이 하나도 없어 보인다. 그런데 이 흔한 현상과 일반적인 행위를 연결해서 우리에게 충격을 주고 기쁘게 한다.

이상하게 들릴 수도 있지만 세상엔 내 것인데 내 것이 아니기도 한 물체가 있다. 현상이라고 해도 좋다. 그림자도 그런 대상 중 하나이다. 내 그림자를 생각해 보면 분명 내 것인 듯한데 정작 내가 가질 수는 없다. 있지만 금방 사라지고 보이지만 형태도 변한다. 내 소유라고 말하기 어렵다. 그럼 내 그림자가 내 것이 아닌가? 참 곤란하다. 사람들은 이 근사하고 이상한 고민을 오래 해 왔다.

하늘이 무너질까 봐 걱정하느라 병이 들었다는 기나라 사람의 이야기가 '기우'라는 고사성어로 전해진다. 우리가 사는 도시는 수학 계산식으로 넘친다. 도시의 곳곳에 우뚝 선 고층 빌딩은 수학식으로 철근을 자르고 계산식으로 시멘트를 굳혀서 지어졌다. 만일 계산에 오차가 있다면 지붕이 무너질 수도 있다. 그런 일은 없어야 하지만 장담할 수도 없다. 사실 나는 우리가 중요한 고민을 뒤로 미루어뒀다고 생각한다. 기한이 남은 숙제처럼 하기 싫은 과제처럼 말이다. 나는 어쩌면 하늘이 무너질까 봐 끙끙 앓는 사람일지도 모른다. 땅이 꺼질까 봐 전전긍긍하는 사람일지도 모른다. 보이는 세계와 보이지 않는 세계에 대한 고민은 설마 지붕이 무너지겠어? 라는 질문과 일맥상통할지도 모른다. 그렇지만 누군가는 지붕을 올리기 위해 수학을 계산해야 하고 누군가는 혹시 지붕이 무너질지도 모른다고 의심해야 한다.

① 내가 보는 현상, 내가 관찰하는 사물도 그림자와 많이 다르지 않다.

내 눈에는 분명 파란색으로 보이는 바다가 실은 푸른 빛이 아니다. 내가 관찰하는 그림사의 움직임은 손으로 만질 수 없다. 그럴수록

② 내가 보는 것을 더 집요하게, 고집스럽게, 그림

그리듯이 서술하고 묘사한다.

 이야기를 들려주듯이 쓴다. 그림자를 쓰겠다고 마음먹었다면 그림자가 어떻게 움직이는지 집요하게 쓴다. 그림자가 어떻게 생겼는지 어떤 빛깔인지 이야기한다. 문자로 그림을 그린다는 심정으로 고집스럽게 쓴다. 내가 그림자인지 그림자가 나인지 알 수 없는 날도 있고 나와 그림자는 완전히 별개라고 확신하는 날도 있겠지만 그저 내 눈에 보이는 바를 서술하고 묘사하는 일을 게을리하지 않는다.

 ③ **세밀한 낱말을 써서 상상력의 한계를 돕는다.**

 상상력이 뛰어나서 기발한 생각만으로 다른 사람에게 감동을 줄 수 있다면 얼마나 좋을까. 그림자가 다시는 떨어지지 않게 꼼꼼하게 바느질하는 사건같이 특이한 상상을 해낸다면 얼마나 좋을까. 그렇지만 그건 그리 쉽지가 않다. 그래서 세밀한 단어를 쓴다. 표현이라도 좀 다르게 하면 또 매우 그럴 듯하다.

④ 어떻게 하면 세밀한 낱말을 쓸까? 이 말은 미학적인 문장을 어떻게 쓸까, 라는 고민이다.

아름다운 문장을 쓰고 싶다. 아름다움은 뜻밖의 사건에서 발생하므로 남들이 잘 쓰지 않는 표현을 찾는 일에서 시작한다.

⑤ 네 발로 기어다니는 기분으로 쓴다. 이 생각은 정말 까먹기 쉬워서 매번 결심해야 겨우 잊지 않을 수 있다.

자세히 봐야 자세히 쓸 수 있다. 자세히 보는 방법으로 멈춰서 보는 방법이 있다. 그렇지만 매번 멈춰있을 수는 없다. 세상은 정적이지 않고 동적이다. 물론 매

순간으로 생각한다면 수많은 정이 모여 동이 되었다고 말해야 하겠지만 내 눈에 보이는 장면은 동적이다. 그래서 모름지기 글을 쓰는 작가라면 남들이 차를 타고 가는 길은 자전거를 타고 간다는 생각으로 쓰고 남들이 자전거를 타고 가는 길은 걸어간다는 느낌으로 쓰려고 노력해야 한다. 다른 사람들이 걸어가는 길이라면 네 발로 기어다니는 기분으로 쓰고 싶다. 이런 결심은 너무나 쉽게 까먹어 버려서 매번 다시 생각해내야 한다.

⑥ **세밀한 낱말 → 나만의 단어 → 감정을 분류하는 일**

⑦ **우울한 기분 → 우울한 마음 → 몸이 늘어진다. → 마음이 늘어진다. → 염소는 마음이 늘어져서 뚝뚝 끊어지듯 울고**

'마음이 늘어졌다'까지 왔다면 일단 성공이다. 거기

에 내가 오늘 쓰기로 한 객관적 상관물의 실제 모습을 연결시킨다. 염소는 메에 메에 메에에 운다. 뚝뚝 끊듯이 운다.

⑧ 많은 사람이 오래 읽는 이야기에는 분명 기발한 상상의 포인트가 있다. 그리고 그 포인트가 단순하고 직관적이다. 그러면서도 엉뚱하다.

그림자와 바느질, 이 얼마나 생뚱맞은 생각인가. 생각을 너무 멀리 우주 한가운데에서 끌어오려고 하지 말고 익숙한 사물과 일상적인 일을 일반적이지 않은 방식으로 연결한다면 피터팬 같은 동화를 쓸 수 있다. 당신과 나는 선택받는다.

하늘이 무너질까 봐 걱정하는 마음을 평범한 행위 중 어떤 하나와 연결해 보면 어떨까? 젓가락으로 음식을 집어 먹는 일, 아침 세수, 사과 껍질을 깎는 일, 집에 들어오면 현관에서 신발을 벗는 일들 중에 낯선 효과를 낼 상상을 찾아낼 수 있을지도 모른다.

「염소 방목장」 창작시 154쪽

3부
직유로 문장 완성하는 방법

직유법을 잘 쓰는 방법
직유 노트

사물과 정서 연결하기
환기와 환기

개인적 경험 이용하기
경험에서 상상으로 가는 길

직유로만 채운 시
조건을 두고 글쓰기

직유법을 잘 쓰는 방법

직유 노트

한동안 내 별명이 직유인 적이 있었다. 나이 들어 얻은 별명이 두 개 있었는데 첫 별명은 소설가 지망생 M이고 두 번째 별명은 직유였다. 내가 나를 소설가 지망생이라고 소개하고 다닌 시절이 있으니 그 별명을 갖게 된 이유는 알겠는데 왜 M이 붙었는지는 잘 모른다. 그러다 소설가 지망생 W가 되었다.

당시로서는 이제 막 아는 사이가 된 시인이 나에 관한 시를 써도 되냐고 물었다. 물론 괜찮다고 흔쾌히 답했다. 밝은 톤이 아닌데, 라며 조심스럽게 살피길래 괜찮다고, 정말 괜찮다고 다시 답했다. 그런데 다음에 만났을 때 실수로 '소설가 지망생 W'라고 제목을 붙였다는 말을 들었다.

내가 어리둥절한 표정을 짓자 원래의 제목은 '소설가 지망생 M'이었다고 했다. "이메일로 원고를 보내고 보니 아, 글쎄. W로 쓴 거야. 그런데 고쳐서 다시 보내지 않고 그냥 놔뒀어요." 뭐 그런 사연이었다. 그때 나는 등단하기 전이었다. 나는 한때 소설가 지망생 W였다. 우연과 필연은 어쩌면 다르지 않을 수도 있다.

직유로 시작해서 직유로 끝나는 문장을 쓰겠다고 말하며 다닌 적이 있다. 직유로만 한 문장을 완성하겠다고 했다. 직유로만 한 단락을 채우고 직유로만 한 챕터를 채우고 말겠다고 말했다. 직유로 책 한 권을 채우겠다고 꼭 그러고 말겠다고 선언하고 다녔다. 한동안 정말 직유로 노트를 채우는 일을 했다.

① 직유 : 비슷한 성질이나 모양을 가진 두 사물을 '~같이', '~처럼', '~듯이'로 묶어서 말하고 싶은 **바를 직접 나타낸다.**

ⓐ처럼 ⓑ하다.
ⓐ같이 ⓑ하다.

ⓐ듯이 ⓑ하다.

ⓐ가 객관적 상관물이다.
ⓑ가 작가가 말하고 싶은 바이다.

커피를 마시면서도 커피잔이 깊은지 얕은지 살폈고 함께 나온 설탕을 관찰했다. 설탕의 낱알 수를 헤아리듯 설탕 알갱이를 손가락으로 만지작거렸다. 한 모금. 또 한 모금. 잔의 내부에 남은 테두리를 오래 봤다.

마트에 장 보러 가서는 무슨 냄새가 나는지 코로 킁킁거렸고 어제 팔던 수박의 꼬투리가 그새 얼마나 시들었는지 보려고 과일 코너를 기웃거렸다.

② 눈에 보이는 사물에 '~처럼'을 붙이며 문장을 이어서 써보라. 사물의 생긴 모습, 사물의 성질에 '~듯이'를 붙여서 쓴다. 어떤 맛인지, 만지면 느낌

이 어떤지를 '~같이'를 붙여서 쓴다. 사물의 색에 '~같은'을 붙여서 쓴다.

예시
    차가운 우유에 탄 인스턴트커피 가루 같은 집안 사정
    마트에서 반으로 잘라 파는 수박 속살처럼 대책 없이 솔직한 여자
    매일 만지는 컴퓨터 마우스에 손을 댄 듯이 익숙한 오후
    먹으려고 꺼내 놓고 깜박한 식빵 한 쪽 같은 기분

눈에 보이는 물건에 '~처럼'을 붙여서 쓰고 내 마음을 연결하다 보면 어느 날 사물에 짝을 붙이고 있는 나를 발견하게 된다. 사물에 정서를 붙여도 되고 정서에 사물을 붙여도 된다.

(생각이) 동그란 공처럼 굴러간다. (생각이) 공처럼 구르면서 (생각이) 눈사람처럼 녹아내린다.

- 「누워서 하는 생각은 멀리도 간다」 부분

나는 여전히 내가 왜 소설가 지망생 M일 뻔했는지 모른다. 왜 M이었냐고 물어는 봤던가? 이제 참 오래된 기억이다. 수천 년 동안 쓰인 문자에 우주가 하나씩 들었다면 M과 W 사이 거리는 얼마나 멀까? 얼마나 가까울까? 종종 궁금하다.

사물과 정서 연결하기
환기와 환기

 노란 귤껍질을 많이 까면 손이 노래져. 어릴 적 들은 말이다. 그 말이 생각날 때면 귤이 노랗나? 진짜 노랗던가? 노랗다기보다는 붉은 쪽에 가깝지 않나? 혹시 옛날 귤은 지금보다 색이 옅었던가? 불현듯 궁금했지만 기억 속 귤색은 희미하다. 기억은 편집 기능이 있어서 다 믿기도 어렵다.

 과일나무에서 과일을 직접 따서 바로 입으로 가져갔던 게 언제였던가. 아버지와 엄마와 동생들과 함께 살던 고향집, 유년의 마당엔 자두나무도 있었고 앵두나무도 있었다. 과수원을 하는 외가에 가면 배나무도 있고 사과나무도 있고 포도나무도 있었다. 잘 익은 과일을 나무에서 따서 입에 물면 그 달큰한 맛이 입안 가득 퍼졌고 입언저리에도 과즙이 묻어 끈적끈적해졌다. 귤을 귤나무에서 직접 따 본 기억은 없다. 다만 마트에서 배달된 귤 상자를 열었더니 덜 후숙된 파란 귤이 들었던 적이 있다. 파란 귤은 노란 귤보다 단단해서 껍질을 쉽게 깔 수 없었다.

예시①
식구들은 어깨를 바싹 붙이고 서로를 꼭 끌어안고 발끝을 맞대고 하나의 동굴인 듯 하나의 돌멩이인 듯 태연한 척했을 텐데.

- 「귤」부분

동그란 귤을 까며 귤껍질과 귤 알맹이의 모습을 관찰했다. 귤 하나를 곤경에 처한 한 가족이라고 생각했다. 귤을 가족이 서로를 의지하며 꼭 붙어서 숨죽이는 모습으로 묘사하고 귤 하나를 동굴과 돌멩이로 비유했다.

예시②
봄마다 섬 곳곳에 유채꽃이 노랗게 피지요. 유채꽃처럼 노랗게 웃고 떠들 수 있는 봄이 좋아요. 종달리에서 금악리까지 땅이 노랗게 미소를 지으면 좋겠어요.

- 『4·3 표류기』 280쪽

제주의 봄을 생각했다. 제주의 봄을 떠올렸을 때 가장 먼저 떠오르는 장면이 유채꽃이 노랗게 물결치는 모습이었다. 봄은 만물이 기지개를 켜고 자신을 드러내는 계절이다. 그래서 노란 유채꽃이 노랗게 웃는다고 상상했다. 직유를 이렇게 활용해서 좋은 장면을 그림 그리듯 쓸 수 있다. 읽는 이가 그림 같은 장면을 자연스럽게 연상하도록 돕는 글은 잘 쓴 글이다.

지금 가까이에 있는 먹거리나 평소 자주 이용하는 물건 하나를 책상 위에 올려놓아도 좋겠다. 사과여도 좋고 배여도 좋다. 고구마여도 좋고 가지여도 좋다. 두루마리 휴지여도 좋다. 과일이라면 껍질을 까고 반으로 잘라 본다. 반으로 자른 한쪽은 먹고 다른 한쪽은 그냥 놓아두어서 어떻게 변하는지 관찰한다. 당신의 냉장고에 든 과일이, 당신의 창고에 둔 물건이 당신을 선택했다. 당신은 선택받는다.

하루에 한 번 실내 공기를 환기하듯 하루에 한 번 머릿속을 환기한다면 참 좋을 텐데. 활력 넘치는 문장을 완성할 수 있을 텐데.

머릿속을 환기하는 방법으로 직유법이 유용하다.

- 낯익은 것과 낯익은 것을 연결해서 낯선 상황을 만드는 연습
- 잘 아는 것과 잘 아는 것을 이어서 낯설게 하기

오래전 기억이 즐거운 놀라움을 주고 습관적 행위가 낯설게 작용한다면 진한 감동을 주게 된다. 익숙한 두 가지가 만나서 하나의 새로운 생각으로 발전하는 상상은 특별한 생각을 불러오고 의식을 환기시킨다.

뉴질랜드에 놀러 갔었다. 어느 시골길을 걷고 있는데 길가에서 예닐곱 살쯤 되어 보이는 남매가 자두를 팔고 있었다. 애들만 이렇게 과일을 파네, 라고 생각했

는데 길 안쪽에 있는 집의 창문에서 아이들의 부모가 밖을 내다보고 있었다. 그 길은 과수원집 앞을 지나는 길이었다. 정말 빨간 자두였다. 보기만 해도 먹음직스러워서 사지 않을 수 없었고 빨간 자두를 파는 아이들의 동그란 눈 때문에라도 살 수밖에 없었다. 네 개를 한 모둠으로 팔고 있었다. 두 모둠을 사서 함께 가던 이들과 나눠 먹었다. 가던 길로 다시 걸어가며 감탄했던 기억이 난다. 이건 나무에서 바로 딴 거잖아. 터질 때까지 나무에서 자란 붉은 자두잖아. 나무에서 붉어진 자두잖아. 자두마다 빨간 해가 하나씩 들어 있었다.

얼마에 샀는지 값은 잘 기억나지 않지만 그때 그 빨간 자두가 다시 먹고 싶어서 입맛을 다신 적이 있다. 주머니에 있던 동전들을 내어주고 양손으로 건네받은 자두를 입 안에 넣자 목구멍까지 사오르던 달콤한 맛과 향은 여전히 생생하다.

어릴 적 마당에 있는 자두나무 기둥을 타고 높은

곳으로 올라가곤 했었다. 굵은 가지에 앉아서 잔가지 쪽으로 손을 뻗으면 자두가 손에 잡혔다. 자두를 따서 한입 베어 물면 입가에 달콤한 즙이 묻었고 옷으로 똑똑 자두즙이 떨어졌다. 생각해 보니 그 여름의 자두에도 빨간 해가 하나씩 들어 있었다.

「귤」창작시 149쪽

개인적 경험 이용하기
경험에서 상상으로 가는 길

　추워서 잠에서 깨 본 경험이 있는지 궁금하다. 아마도 다들 한두 번씩 추워서 깨 본 적이 있지 않을까. 나는 내 경험이 다른 이들의 경험과 비슷하리라 생각한다. 물론 각자 다르게 겪은 부분도 분명히 존재하지만 유사한 경험도 많이 한다.

　으슬으슬 몸이 추워서 잠에서 깼는데 발이 이불 밖으로 나와 있었다. 발가락으로 이불을 당겨서 이불 속으로 발이 쏙 들어가게 덮었다. 얼른 다시 잠을 청했지만 그날 밤의 어처구니없는 기억은 잊을 수 없었다. 추워서 잠에서 깼는데 발이 이불 밖으로 나와 있던 날을 떠올리면 어깨까지 으쓱하게 몸서리쳐졌다. 아마도 그때의 감정을 뇌가 기억하듯 몸도 그날의 추위를 기억하나? 그런 생각을 했다.

　예시 ①
　연기와 뒤섞인 재가 날린다. 발이 시려 죽음에서 깰

듯도 한데. 연기마저 다 타버리면 아무것도 남지 않은 무릎은 상체를 휘청거리며 윤회의 신분을 찾아가겠지.

- 「발목만 남았네」 부분

인도의 바라나시 화장터 영상에서 맨발이 밖으로 삐죽이 나온 시체를 봤다. 몸을 덮을 천이 모자랐을까? 안쓰러웠고 자다가 추워서 깼던 경험이 떠올랐다. 영상에서 본 죽은 몸은 아마도 가난한 사람이었던 모양이다. 값이 싸 보이는 천을 두른 채 나뭇단 위에 놓여 있었다.

평소 자주 손발이 시리다. 말초신경까지 혈액순환이 잘 안되는지 손발이 찬 편이다. 잠을 자다가 발이 시려서 깰 때도 있고 뭔지 모를 한기를 느끼기도 한다. 그럴 땐 영락없이 발이 이불 밖으로 삐죽이 나와 있었다. 그런 밤이면 시린 발바닥을 얼른 이불 속으로 넣고 발바닥을 맞대고 비벼댔다. 얼른 추위를 잊고 다시 잠들려는 나름의 노력이었다. 유튜브에서 본 영상에선 머리부터 발까지 온몸을 천으로 덮은 시체가 나뭇단 위에서 활활 타고 있었다. 그런데 가만히 보니 발끝이 보였다. 활활 타는 육신에서 불 밖으로 보이는 맨발이 추워 보였다.

    잠을 자다가 발이 시려 잠에서 깨듯 발이 시려 죽음에서 깰지도 모른다고 상상했다. 활활 타는 죽은 몸이 오들오들 떨며 무슨 일이 벌어지고 있는 거야? 어리둥절해하며 눈을 비비고 일어나기라도 하면? 이 어이없는 상상은 평소 손발이 자주 시린 경험에서 비롯되었고 발이 시려서 자다가 깬 어느 밤의 기억에 기인했다.

예시②
    그런 시절도 있더라는 푸념을 비듬 털어내듯 머리를 흔들어대며 내려올 줄 알았으나

-「경사」 부분

예시②는 「경사」에서 다른 문장과 함께 시를 펼치는 역할을 한다. 살다 보니 별일도 다 있다며 비듬이라도 털어내듯이 푸념을 늘어놓으며 집으로 다시 돌아올 수 있을 줄 알았으나, 라는 의미로 쓰였다.

예시①에서 직유로 처리한 생각은 시 전체의 주제와 밀접하고 예시②에서 직유로 말한 생각은 주제를 받쳐주는 역할을 한다. 어떤 직유는 작품 전체에서 주기둥 역할을 하고 어떤 직유는 기둥을 중심으로 양쪽에 쌓은 벽돌 하나의 기능을 한다. 직유를 잘 활용하면서 그 무게감도 가늠해 보면 더 좋다.

이불 밖으로 발을 내놓고 자다가 잠에서 깬 날, 졸린 눈을 비비며 겨우 이불을 끌어당겨 다시 잠을 청한 그날, 참 춥고 외로웠다.

직유만으로 채운 시

조건을 두고 글쓰기

새해가 되면 달력을 펼치고 올해엔 연휴가 몇 번이나 있나 세어 본다. 이삼일의 짧은 연휴와 사오일을 넘기는 연휴들이 있다. 드물게는 열흘 가까이 되는 연휴도 있는데 그런 긴 연휴를 어떻게 보낼지를 두고는 언론도 함께 호들갑을 떤다. 달력에서 붉은 숫자의 연속으로 표시되는 사건은 여러 사람에게 영향을 끼친다.

사회가 집단적으로 공유하는 사건 중 하나에 연휴도 들어간다. 직장인에게도 학생에게도 직장인이나 학생을 대상으로 영업하는 상인에게도 연휴는 중요하다. 기업도 관공서도 연간 계획 수립에서 연휴를 중요하게 고려한다.

내 경우 연휴에 무엇을 꼭 해야겠다는 강박에 가까운 생각과 연휴에 아무것도 안 해도 된다는 게으른 마음이 동시에 생긴다. 연휴에 가만히 있기는 왠지 이상하고 무슨 거창한 계획을 세우기는 때로 부담스럽다.

평소처럼 지내도 되는데, 라고 생각해도 연휴가 지난 다음이 문제이다. 연휴가 끝나고 사무실에 출근하면 사람들이 묻는다. 지난 연휴에 뭐 하셨어요? 좋은 데 다녀오셨어요? 사람들이 서로 안부를 묻는 방식이다. 그러면 연휴에 대한 내 생각이 불현듯 의심스러워진다. 좋은 데? 좋은 곳? 갑자기 좋은 곳을 기억해내느라 머릿속은 이미 허둥거리고 있다. 어디를 가나 사람으로 붐비는 연휴의 스케줄은 반가우면서 반갑기 어렵고 어디 먼 곳으로 떠났다 돌아와야 잘 보낸 연휴같이 생각하기 쉽다. 그렇지만 연휴에 먼 곳으로 떠나려면 계획을 미리미리 세워서 여행을 떠나야 한다. 계획과 실천이 함께해야 하는 일이다. 돈도 든다. 그런 일을 자주 하기는 어렵다.

    밑바닥에서 멀지 않은 높이에 위아래로 나란한
    콘센트 구멍 같은,

금방이라도 불이 나갈까 염려되는
속이 까만 형광등 같은,

택시를 잡으려고 인도에서 손짓하는데
이 차선 안쪽에 서 있는 택시 같은,

갑자기 급한 일이 생겨 서둘러 나오느라
한 입만 먹고 남긴 조각 케익 같은,

하루에 두 번은 꼭 맞는
고장 난 시계를 보는 것 같은,

길을 지나다 우연히 아는 사람을 만났는데
모른 척하는 것 같은,

새로 산 장난감을 자랑하고 싶은데
밥 다 먹어야 나갈 수 있다고

으름장을 놓는 식탁 같은,

딱딱 소리 나는 구두를 신고 와서는
문 뒤에 숨어 몰래 엿듣겠다고
안으로 들어가지 않는 것 같은,

- 유수진, 「연휴」 전문

    연휴를 직유법으로 써서 연습해 본 글이다. 내 눈앞에 보이는 사물이나 내가 경험했던 일을 내가 생각하는 연휴의 성질과 연결했다. 8연 18행으로 이루어진 시의 형태로, 처음부터 끝까지 직유라는 수사법으로 썼다. 하나의 수사법만을 고집하며 한 편의 시를 완성하는 일은 글쓰기 연습의 일부였지만 끝내 직유법만으로 시를 완결했다는 면에서 성공적이다. 습작 시절 노트 전체를 직유 연습으로 채우다가 얻은 시를 오래 가지고 있다.

사물과 정서 연결하기

(1연) 밑바닥에서 멀지 않은 높이에 위아래로 나란한
   콘센트 구멍 같은,

(2연) 금방이라도 불이 나갈까 염려되는
   속이 까만 형광등 같은,

(4연) 갑자기 급한 일이 생겨 서둘러 나오느라
   한 입만 먹고 남긴 조각 케익 같은,

(5연) 하루에 두 번은 꼭 맞는
   고장 난 시계를 보는 것 같은,

개인적 경험 이용하기

(3연) 택시를 잡으려고 인도에서 손짓하는데

이 차선 안쪽에 서 있는 택시 같은,

(6연) 길을 지나다 우연히 아는 사람을 만났는데
모른 척하는 것 같은,

(7연) 새로 산 장난감을 자랑하고 싶은데
밥 다 먹어야 나갈 수 있다고
으름장을 놓는 식탁 같은,

(8연) 딱딱 소리 나는 구두를 신고 와서는
문 뒤에 숨어 몰래 엿듣겠다고
안으로 들어가지 않는 것 같은,

4연을 '한 입만 먹고 남긴 조각 케익'이라는 사물에 무게감을 두어서 사물과 정서를 연결하는 직유로 분류했지만, '갑자기 급한 일이 생겨서 (너무 먹고 싶은데도 불구하고) 조각 케익을 한 입만 먹고 남겨야 했던' 상황을 생각한다면 개인적 경험을 직유로 이용한 방법에 해당한다.

    제한이나 조건을 두고 글을 쓰는 일은 꽤 재미있는 연습법이다. 품이 들고 시간도 들여야 하지만 의미가 있다. 모인 품과 시간이 글이 되고 작품이 되어서 당신은 선택받는다.

    사람들 대부분은 연휴가 많을수록, 연휴가 길수록 좋아한다. 그러나 어떤 이들은 연휴가 반갑지 않을 수도 있다. 월급쟁이라면 연휴가 있는 달은 행복하겠고 고용주라면 연휴가 길어서 마음이 불편할 수 있다. 시간 당 임금을 받아서 연휴에 돈을 더 많이 버는 사람과 연휴 동안에는 공장이 쉬어서 벌이가 전혀 없는 사람도 있다. 직장인을 대상으로 영업하는 가게와 관광객을 대상으로 영업하는 가게도 입장이 다르다. 연휴는 저마다의 입장과 사정이 지극히 개인적인 상황이면서 같은 달력을 쓰는 사회 구성원이 함께 경험하는 사회적 사건이다. 글의 소재를 정할 때나 어떤 대상으로 수사법 연습을 할지 고민할 때 이런 점에 유의하면 좋다. 기왕이면 내 고민이면서 다른 사람의 고민인 현상으로 글쓰기를 하면 좋다. 내 고민이고 당신의 고민이면서 나아가 사회 전체의 고민이라면 그것은 하나의 사건이다. 앞에서 언급한 「연휴」라는 습작시는 초보적인 글쓰기를 할 때 쓴 글이어서 소재를 사회까지 끌고 가지 못했다. 그때는 그런 생각을 하지 못하던 때였다. 다만 연휴에 대한 내 감상으로 직유법 연습을 했는데 연휴가 워낙 집단적으로 함께하는 일이다 보니 뭐 이런 걸 썼냐는 핀잔은 듣지 않았다. 나와 당신과 사회가 공유하는 대상으로 글쓰기를 해 본다면 좋은 결과를 얻을 수 있으리라 믿는다. 대상에 대한 고민을 나에서 멈추지 않고 사회로 끌고 간다면 의미 있는 작품세계를 구축할 수 있을 것이다.

4부
글을 확장하는 방법

상상력을 어떻게 확보할까?
거꾸로 상상력

무엇을 어떻게 쓸까?
어떻게 무엇을, 무엇을 어떻게

무엇을 쓸까?
표준국어대사전 이용하기

어떻게 쓸까?
슬픈 이야기를 명랑한 음색으로

상상력을 어떻게 확보할까?
거꾸로 상상력

대상을 마음속으로 그려서 내가 실제로 경험하지 않은 세계까지 상상력을 발휘하는 힘은 작가가 반드시 연마해야 할 덕목이다. 상상력이 좋다는 말을 들었다면 굉장한 칭찬을 들은 것이니 기뻐해도 된다. 상상력의 깊이는 타고나는 면이 있는 듯 보이나 상상력의 볼륨은 연습하기에 달렸다.

① **손바닥을 뒤집듯 마음을 뒤집기 어려울 땐 등을 바닥에 대고 눕는다.**

서울 시청 앞 광장에선 서울도서관이 주최하는 책 관련 행사가 종종 열린다. 잔디밭에 빈백이 놓이는 날이면 잔디 광장에 들르곤 했다. 잔디밭을 쏙 둘러보고 빈자리에 털썩 앉았다. 빈백은 모양이 고정되어 있지 않아서 내가 원하는 모양으로 바꿀 수 있다. 빈백의 여기저기를 손으로 만져서 거의 눕다시피 앉았다. 등을 대고 누웠더니 순식간에 움푹 팬 곳으로 들어갔다.

빈백 속으로 푹 꺼지듯 들어가며 땅이 꺼지는 듯한 공포가 밀려왔다. 그러다 순식간에 나는 풍선처럼 부풀어 올라 거대해지더니 서울 시청 앞 잔디 광장만큼 커졌다. 몸이 부풀자 나는 둥둥 날아올라 서울을 한눈에 내려다볼 수 있을 만큼 키가 커졌다. 몸이 서울만큼 커졌다가 아시아 대륙 만해지고 지구처럼 동그랗게 변해서 구르기 시작했다. 지구만 한 공이 앞으로 앞으로 굴러갔다.

잔디 광장, 서울, 대한민국, 동아시아, 지구 ······ 점은 점점 커졌다가 점점 작아진다. 나는 한 점으로 사라진다.

② 움푹 팬 빈백에 등을 대고 누웠다. 하늘이 보인다.

날씨가 좋다. 파란 하늘이다. 볕이 내렸다. 서서 쐬는 볕과 누워서 쐬는 볕의 기울기가 달라서 볕이 내 살

갖에 닿는 각도가 달랐다. 오늘 이렇게 볕이 강한 줄 미처 몰랐다.

③ '새장'을 쓰겠다고 결정하고 '새장'을 떠올린다.

잔디 광장 빈백에 누워서 끝도 없이 커지는 풍선이 되었다고 상상했다. 대형 풍선처럼 하늘을 날아 이곳저곳을 봤다. 어쩌면 대형 열기구를 타고 돌아다니는 느낌이었을 수도 있다. 그리고 새를 떠올렸고 새를 생각하다가 새장이라는 대상에 마음이 닿았다.

내 기억 속 '새장'을 소환하고 인터넷으로 '새장'을 검색했다. 주루룩 판매용 '새장' 목록이 나오고 값도 나왔다. 기억 속 '새장'과 실재하는 사물 '새장'을 비교하며 살폈다. 새장을 판다는 곳을 수소문해서 찾아가 볼 수도 있다.

새장을 꿈꾸어 왔다. 예쁜 새장 하나 갖고 싶었다.

④ 내 새장에서 새는 노래를 불렀을까? 무슨 노래를 불렀을까? 새장은 기도하는 두 손을 닮았다. 기도하는 두 손으로 새장을 만들 수 있다.

기도하는 두 손 → 새장 → 새장을 뺀 지구

 기도하는 두 손으로 새장을 만들고 그곳에 소중한 이야기를 담았다면 가두어 놓은 것일까, 잘 넣어 둔 것일까. 새장 속에 소중한 대상을 넣어 두었다면 지금도 여전히 새장 안에 있을까? 새장만 한 세상과 새장을 뺀 나머지의 세상을 나누어 생각해 봤다. 그리고 깊이 넣어 둔 것과 잘 넣어 둔 것을 헛갈렸던 경험을 떠올렸다. 깊은 곳은 스스로 더 깊어지려는 경향이 있는 듯했다. 물건을 깊이 넣어 두면 깊은 곳 안으로 점점 더 들어가서 사라졌다. 장롱 밑도 그랬고 서랍 안도 그랬다. 영영 찾을 수 없는 곳으로 가 버렸는지 아무리 뒤져도 손에 닿지 않았다. 깊이 넣어 두고 잘 넣어 두었다고 착각한

날들이 많았다. 그런데 이걸 어쩌나. 이 모든 걸 새만 모른다.

지구 → 새장을 뺀 지구 → 새장 → 기도하는 두 손 → 점 → · →

⑤ **자세를 바꾸면 볼 수 있는 장면이 달라진다. 내가 장악할 수 있는 범위가 달라진다.**

자세를 바꾸면 내가 쓸 수 있는 대상이 달라진다. 무언가 다르게 쓰고 싶다면 내 몸의 자세를 바꿔 본다. 마음 같아서는 지구를 멈추어 보고 싶고 방향도 틀어 보고 싶다. 지금 움직이는 대상들에게 모두 잠시 멈춤! 버튼이라도 누르고 싶다. 하지만 내게는 그런 능력이 없다. 내 몸의 자세를 바꾸는 방법이 가장 수월하다.

⑥ 운동화를 신은 채 바닥에 앉아 벽에 기댄다. 다

리를 앞으로 쭉 뻗어보는 것도 좋다.

책상에서 내려와 바닥에 앉으면 그곳에 또 다른 장면이 있고 거기, 쓸거리가 있다. 앉은 자세로 내가 장악할 수 있는 범위가 있다.

넓은 광장과 좁은 골방 중에서 어디가 더 상상력을 끌어내기 좋을까? 사람은 공간에 많이 의존한다. 사방으로 터진 서울 잔디 광장과 한 평짜리 천장이 보이는 골방은 작가에게 다른 영향을 준다. 그리고 작가마다 자신에게 더 맞는 공간이 있기 마련이다. 자주 글을 쓰다 보면 선호하는 공간이 생긴다. 다른 방향의 글을 쓰고 싶으면 평소 가까이하지 않는 분야의 책을 읽어보면 좋다. 다른 시각을 제시하는 영화를 감상해도 좋고 미술관에 가서 미술품을 관람하는 것도 좋다. 음악을 들으며 그 감정에 푹 빠져도 된다. 같은 대상을 소재로 삼은 그림과 음악을 함께 보고 듣는 것도 방법이다. 같은 대상을 어떻게 다르게 표현하는지 배울 수 있다.

　　마음속에 대상을 그리면서 상상력의 힘을 끌어낼 때 무엇보다 중요한 것은 뒷심을 놓치지 말아야 한다는 점이다. 첫 문장에서 시작한 이야기를 마지막 문장까지 끌고 가야 좋다. 대상으로 삼은 소재로 마음껏 상상력을 발휘하고 끝부분에서는 다시 처음 대상으로 돌아와 마무리하는 방식이다. 첫 문장의 그것을 놓치지 않으면 소재를 끌고 가는 힘이 있다는 말을 들을 수 있다,

　　깊이 넣어 두는 방식과 잘 넣어 두는 방식을 혼동한다고 생각했는데 혹시 내가 소중한 대상과 감추고 싶은 대상을 헷갈리는 건 아닐까. 혹은 소중함과 감추고 싶은 마음을 구분하지 못하는 걸까. 아니면 보여주고 싶은 욕망과 감추고 싶은 욕구 사이에서 줄다리기 중일까.

「새」 창작시 166쪽

무엇을 어떻게 쓸까?

어떻게 무엇을, 무엇을 어떻게

라디오에서 노래가 흘러나온다. 노래를 함께 듣던 사람이 불쑥 "가사 너무 좋지?"라고 물을 때가 있다. 무어라 답해야 하나, 우물쭈물하느라 종종 때를 놓친다. 가사를 들어야지, 노랫말을 기억해야지, 라고 마음먹지 않으면 문장이 그냥 흘러간다. 분명 마음에 드는데, 음악을 즐기고 있었는데, 참 이상하다. 내게 도착해야 하는 글자들은 어디로 날아갔을까?

그럴 땐 이렇게 말한다. "내가 멀티가 안 되는 사람이잖아. 멜로디를 듣느라 가사를 못 들었어." 만약 듣던 곡이 영어 노래라면 내가 듣기가 잘 안 되잖아, 라고 얼버무린다. 실제로 듣기가 더 어렵기도 하다. 굳이 남이 내게 묻지 않아도 가사가 뭐였지, 라고 내게 묻는 나를 발견하기도 한다. 예전엔 멜로디를 감상하느라 가사를 미처 듣지 못했다고 생각했다. 그럴 수도 있겠다. 그런데 요즘은 가사도 멜로디도 그냥 흘러가게 놔두고 있었나, 그런 생각이 든다.

시를 왜 쓰나요? 무엇을 쓰고 싶나요? 심지어 언제부터 글을 썼나요? 내가 대답하기 어려운 질문들이다. 답하기 어려울수록 중요한 순간마다 불쑥 나타나 나를 당황하게 한다. 혹은, "아직도 시 써?"

나는 아직도 시를 쓰고 있을까? 생각하느라 또 답할 타이밍을 놓친다. 맨날 놓친다. 끝없이 놓친다.

1) 무엇을 쓸까.
2) 어떻게 쓸까.

무엇을 어떻게 쓸까? 그것은 가사와 멜로디 같다. 리포터가 싱어송라이터에게 질문하는 장면을 TV에서 본 적 있다. 가사를 먼저 쓰세요? 멜로디를 먼저 쓰세요? 어떤 가수는 가사를 먼저 쓴다고 답했고 어느 가수는 멜로디를 쓰고 그 멜로디에 어울리는 가사를 붙인다고 했다.

무엇을 어떻게 쓸까, 어떻게 무엇을 쓸까. 달걀이 먼저일까, 닭이 먼저일까. 몇 년 전에는 어떻게 쓸까를 고민했다. 화가 지망생도 데생을 몇천 번은 할 텐데, 그런 생각으로 눈앞의 장면을 글로 재현했다. 글로 그린다는 생각으로 썼다. 그러나 최근 몇 년은 무엇을 쓸까에 더 마음을 쏟는다. 어떤 소재가 상상력으로 멀리 갈 수 있는지 가늠한다. 상상력으로 도착한 곳이 사회적 고민에 닿아있는지, 역사적 인식을 마주하고 있는지 헤아린다. 그 접점이 혹여 내 일기장에나 쓰면 될 일인지, 점검하고 함께 읽는 일기장에 써도 되는지 고민해 본다. 모든 소재는 글이 될 수 있으나 무엇을 쓸지는 정해야 한다. 소재를 정하는 일은 글 쓰기 작업에서 가장 중요한 일이 되었다.

무엇을 쓸까?
표준국어대사전 이용하기

잘 모르겠으면 사전을 찾곤 한다. 우리말에는 국립국어원이 제공하는 『표준국어대사전』이 있다. 맞춤법이 헷갈려도 찾고 비슷한 말이 무엇이 있을까 궁금해도 찾는다. 웹에서 '표준국어대사전'을 검색하면 바로 찾을 수 있어서 매우 편리하다.

평소에 자주 쓰는 낱말도, 그 낱말 뜻이 무엇일까?라고 되물으면 명료하게 답하지 못하는 경우가 있다. 잘 안다고 믿고 있다가 실은 잘 모른다는 걸 깨닫고 놀란 경험이 있다. 두루뭉술하게 아는 경우가 많다.

사전은 어떤 범위 안에서 낱말을 모아 일정한 순서로 배열한다. 낱말을 어떻게 발음하는지 낱말이 어떤 의미를 갖는지 알려준다. 낱말의 어원과 용법도 자세히 보여준다. 낱말이 지시하는 바를 명확히 규정해서 때로 내가 무엇을 모르는지 콕 짚어준다. '무엇'이라는 낱말을 표준국어대사전에서 찾아봤다.

① '모르는 사실이나 사물을 가리키는 지시대명사'
② '정하지 않은 대상이나 이름을 밝힐 필요가 없는 대상을 가리키는 지시대명사'

무엇을 쓸까, 라는 질문에서 '무엇'은 정하지 않은 대상을 말한다. 눈앞에 있는 가까운 대상을 쓰겠다고 정했다면 모르는 사물을 바라보는 듯한 마음으로 하나씩 써 간다. '무엇'이 모르는 사실이나 사물을 가리키는 지시대명사로 쓰이기도 하니까 쓰기로 정한 대상물을 마치 모르는 사물인 듯 궁금해하고 질문해 본다.

그러면 평소 잘 알고 있다고 생각한 사물에도 잘 알지 못하는 점이 있다는 걸 발견하고 백과사전을 찾게 될지도 모른다.

무엇을 쓸지를 정했다면 그 무엇과 함께 써 내려갈 소재를 하나 더 생각해낸다. 그러니까 글을 쓰고자 마음먹었고 무엇을 써야겠다고 정했다면 그 첫 번째 소재와 속성이 비슷하고 유사한 장단점을 지닌 두 번째 소재를 찾는다. 비슷한 겉모습을 가졌어도 되고 맛이나 질감이 서로를 떠올리게 하는 관계여도 좋다. 부서지는 모습이 닮았어도 가능하다.

〈제주 4·3평화문학상〉에 응모한 시들은 물리적인 소재 하나와 서사적인 소재인 한 사건을 두 축으로 두고 글을 썼다.

예시①
제주의 특산물인 귤과 집 안에 모여 서로 꼭 끌어안고 두려움에 떠는 식구들
- 「귤」(창작시 149쪽)

「귤」이라는 시를 쓸 때를 돌이켜보면 제주도 이야기를 쓰겠다는 생각을 먼저 하고 제주도 하면 떠오르는 게 뭐가 있나 고민한 기억이 있다. 귤의 모양을 안팎

에서 관찰하고 덜 익은 파란 귤을 깔 때와 잘 익은 노란 귤을 깔 때를 비교했다. 제주도에서 위험천만한 상황이 일어났을 때 집 안에서 서로를 꼭 껴안고 어서 이 사태가 지나가길 바랐을 가족 구성원을 상기했다. 서로 어깨를 바싹 붙이고 동그랗게 웅크린 식구들을 마음속에 그렸다. 우리 집에는 아무 일도 없게 해달라고 얼마나 간절하게 기도했을까. 총칼을 든 사람들이 동네방네를 휘젓고 다니는 상황이었다. 방 문고리는 안쪽에서 잠그고 그 잠근 문고리에 숟가락도 끼워서 이중으로 잠가둔 상태였다. 온 가족은 방 안에서 두려움에 떨며 숨을 죽였다. 집 밖에선 낯선 사람의 발소리가 가까워졌다가 멀어졌다. 저기도 확인해야지, 밖에서 소리가 들리고 멀어졌던 낯선 발소리가 다시 가까워졌다. 방 안은 컴컴했다. 우리 집 방문만은 제발 열리지 않게 해주세요. 귤껍질 속 알맹이가 기도하는 소리가 들렸다. 나는 귤이 들어있는 검은 봉지를 열었다.

예시②

　　오름의 완만한 경사와 이유도 모른 채 집을 두고 산
　　으로 피신하는 사람들

　　　　　　　　　　　　　　　- 「경사」 (창작시 174쪽)

「경사」를 쓸 때를 떠올리면 인터넷에서 제주 관련 이름들을 검색하다가 잠시 멈췄을 때가 생각난다. 고향이 제주도라면 이런 방식으로 접근하지 않았겠구나. 뒤통수라도 얻어맞은 듯 멍했다. 내 고향은 대전을 떠올리자 제주도를 고향처럼 생각하는 마음을 짐작할 수 있었다. 그렇다고 제주도를 관광지로 생각하는 내 마음이 단박에 변한 것은 아니다. 어떻게 인식을 전환하는지 잘 몰랐다고 해야 할 것이다. 「경사」는 제주도 전역에 오름이 수백 개라는 사실에 주목해서 쓴 작품이다. 제주도가 고향이라면 내게 오름은 동네 산이거나 동네 언덕이었을 것이다. 오름으로 써야지 정하고 나서 오름의 특징을 조사했다. 제주 오름의 경사는 완만한데 완만함이라는 상황과 연관 지을 수 있는 사정이 대체 무엇일까 궁금해했다.

 삶에는 굴곡이 없을 수 없으니 사람들은 자신에게 큰 어려움이 닥치지 않기를 소망한다. 완만하게 오르고 완만하게 내리고 또 완만하게 오르는 일을 반복하면서 별 탈 없이 잘 지내기를 바란다. 그렇지만 별일 없이 잘 지내기가 어디 그리 쉽던가. 완만하게 올라갔으니 완만하게 내려올 줄 알았는데 끝내 돌아오지 못한 사람들의 상황을 제주 오름의 완만한 경사와 연결해서 썼다.

 사전이 만능은 아니다. 사전은 가능한 그 낱말의 뜻을 알기 쉽고 명확하게 규정하려고 여러 사람이 노력한 흔적일 뿐이다. 그러니 여러 종류의 사전을 참고하되 늘 의심의 시선으로 읽어야 한다. 생각해보면 무엇을 쓰는 행위에서 결국 내가 쓰고 싶은 말은 한 문장이고 그 한 문장이 무엇인지 찾느라 허둥대는 일이 글쓰기이다.

어떻게 쓸까
슬픈 이야기를 명랑한 음색으로

 소재를 선택했다면 선택한 소재에 대해 생각한다. 설령 잘 아는 것이라도 국어사전에서 한 번 더 뜻을 확인한다. 백과사전도 읽어본다. 요즘은 표준국어대사전도 인터넷으로 검색할 수 있고 다양한 백과사전도 인터넷으로 검색할 수 있다. 장소라면 찾아가고 사물이라면 물건을 구해 책상 위에 올려둔다. 질문한다.

 폭포가 뭐지? 폭포가 왜 생기지?
 질문을 구체적으로 한다. 질문을 집요하게 물고 늘어진다.
 폭포에게 가장 약한 곳은 어디일까? 사전을 찾아본다. "폭포는 절벽에서 곧장 쏟아지는 물줄기, 물이 곧장 쏟아져 내리는 높은 절벽" 폭포는 왜 쏟아져 내릴까? 폭포는 어디로 떨어지는 걸까? 폭포의 끝은 어딜까? 어디로 가는 걸까? 끝이 있을까? 쉬기도 할까? 하고 싶은 말이 뭐길래 저렇게 절박하게 고함치는 걸까?

유수진의 「폭포」 창작시 146쪽 참조

폭포와 제주 4·3사건 당시 하루를 교차시킨다. 마치 기둥 두 개를 세우고 왔다 갔다 하듯이 운동화 끈을 맬 때 이쪽으로 한 번 끼고 다른 쪽으로 한 번 끼듯이 그렇게. 그리고 다시 앞으로 돌아와 남은 끈으로 리본을 묶듯이 두 개의 상관성으로 마무리한다.

　이때 인상 깊은 문장을 구사할 수 있다면 그야말로 심사자나 독자의 눈을 그 한 문장에 묶어둘 수 있다. 그리고 글의 처음에 쓴 소재를 글의 마지막에 다시 언급하며 사고를 확장하는 문장을 써서 마무리한다. 심사위원은 말할 것이다. 주제와 소재를 끝까지 끌고 가는 힘이 있는 작품이라고. 그렇게 당신의 작품과 내 작품이 선택받았다.

　　우리는 31의 「폭포」를 올해의 당선작으로 선정하는 데 합의했다. 이 작품은 폭포라는 소재를 죽음과 대비하면서 역동적인 이미지를 구축하는 데 성공하고 있다. 후반부로 가면서 힘찬 긴장감이 더해지는 이 시는 폭포가 "그 옛날의 물줄기를 계속 끌어올리고 있다"는 인식으로 발전한다. 시인의 인식이 독자에게 충분히 전이되어 설득력을 얻는 지점이다. 이분은 제주에 경사가 많다는 점에 착안해 "삼십 도는/ 후회하기 좋은 경사인가"(「경사」) 묻기도 하고, 망자가 누운 관 속의 빈 공간을 "허방을 짚는 일"(「발끝의 사례」)로 파악하면서 유보를 통해 고통을 드러내는 방식에 능하다. 구문의 적절한 반복으로 시의 가독성을 높이고 있는 점도 좋게 보았다.

수상작과 함께 오래 검토한 73은 구어체적인 진술이 능숙했으나 4·3이라는 역사적 사실을 개괄하는 듯한 목소리가 아쉬웠다. 시에 각주를 지나치게 나열하고 있는 점도 거슬렸다. 29는 시적 정황에 대한 실감 어린 묘사가 볼 만했으나 '작시(作詩)'의 의도가 그대로 노출되어 있었다. 본인의 유려한 목소리를 본인만의 방식으로 표현하는 길을 모색해보기 바란다.

2월 말의 제주는 '먹쿠슬낭'으로 부르는 멀구슬나무 열매가 가지마다 조롱조롱 매달려 있었다. 소리가 날 것 같았다.

- 제10회 〈제주4·3평화문학상〉 심사평 중에서
심사위원 (시인 김사인, 시인 이문재, 시인 안도현)

시 한 편을 단편소설로 확장할 수 있고 장편소설로 각색할 수도 있는, 심지어 대하소설을 집필할 수도 있는 그런 시를 쓰고 싶다. 글에 다 쓰지 않은 감정과 관계가 문자로 쓰인 세상을 응원하는 그런 동화를 쓰고 싶다. 그 세계가 마술적이고 환상적이었으면 좋겠다.

슬픈 이야기를 하고 있지만 아름다워서 눈물이 흐르는 그런 시를 쓰고 싶다. 슬픈 이야기를 썼지만 슬퍼서 우는 것이 아니라 아름다워서, 너무나 아름다워서 가슴이 아프고 명치가 아픈 그런 소설을 쓰고 싶다.

하나 더 소망이 있다면 명랑하게 쓰고 싶다. 왠지 슬픈 이야기를 끝도 모르게 명랑한 음색으로 쓰고 싶다. 이 세상은 비극으로 가득하며 그럼에도 불구하고 오늘 하루를 살아야 하므로 명랑함을 잃지 않고 싶다. 그것이 삶의 품격이지 않은가.

유수진의 「폭포」는 이와 같은 망각의 기전에 저항하는 치열한 몸부림이다. 시는 "순간"도 "멈춤"도 없이 낙하하는 폭포의 모습을 기술하는 것으로 개시된다. 정지가 아닌 끊임없는 운동이 폭포의 본질이라는 점에서 이는 운동을 통해 '나태'와 '안정'을 깨트리는 김수영의 폭포와 닮았다. 하지만 유수진은 여기서 멈추지 않고 한걸음 더 나아간다. 폭포가 낙하하는 곳이 "지구의 명치"라는 지점이 그러하다. 신체의 급소 중 하나인 명치는 가슴뼈 아래 움푹 파인 곳으로 아주 약한 타격만으로도 온몸으로 통증이 전달되는 곳이다. 유수진의 폭포가 멈춤이 없이 "쏟아지는 이유"도 여기에 있다. 지구의 "움푹하게 팬 곳"을 끊임없이 자극하여 가슴 깊은 곳에 묻혀 있는 통증을 모든 사람들에게 전달하는 것이 폭포의 바람이다.

문제는 왜 그 통증을 모두가 함께해야 하는가이다. 이를 이해하기는 어렵지 않다. "사람이 죽"은 것이다. 이데올로기의 대립에 대해 아무것도 알지 못하고 아무 죄도 짓지 않은 사람들, "바닥을 천명으로 여기고" 주어진 삶에 소박하게 "순응"하던 사람들이 곳곳에서 "두 손"이 꽁꽁 "묶인 채"로 덜덜 떨며 "파랗게 질린" 얼굴로 끌려가 비참하게 죽은 것이다. 하지만 우리는 그들을 포함해 그들과 가까운 사람들이 겪은 슬픔과 고통을 알지 못한다. 아니 조금 더 정확히 말하자. 우리는 그들이 겪은 고통에 대해 그동안 "귀가 어두워서/ 모른다고 못 들었다고/ 못 봤다"는 태도로 일관해왔다.

- 김대현 문학평론가, 「기억과 애도 -제10회 4·3 평화문학상 수상작 「폭포」에 대하여」 중에서, (시마 12호, 2022년 여름호)

5부
문장 다듬는 방법

'것'을 빼면, '것'만 빼도
작가로서의 프로 의식

글쓰기의 적당한 거리는 어느 만큼일까?
소재와 작가의 관계

말줄임표의 쓰임
쓰고 싶은 말을 쓰지 않는 방식

'것'을 빼면, '것'만 빼도
작가로서의 프로 의식

문장을 쓰다 보면 여기저기 불쑥 돌부리처럼 솟아 있는 의존명사가 있다.

① 의존명사를 잘 쓰면 문장을 돋보이게 하지만 그런 일은 의존명사를 최소화했을 때 발생한다. 글을 쓰면서 자신도 모르게 빈번하게 사용하는 단어나 조사, 의존명사가 있다. 그러기 마련이다.

② 지금 우리 시대에 집단적으로 많이 사용하는 의존명사가 있는데 바로 '것'이다.

가끔 그저 끌리는 대로 썼다며 카톡 메시지로 글을 보내오는 경우가 있다. 시를 탈고해야 하는데 한번 봐 달라고 한다. 에세이를 마무리해야 하는데 괜찮냐고 묻기도 한다. 그저 내키는 대로 썼다고 하면서 넌지시 내민다. 내게 작품을 보여주는 사람의 속내는 두 가지이다. 하나는 내 실력을 조금은 믿는 마음이고 다른 하나는 그런대로 잘 썼다고 생각하는 스스로에 대한 믿음이 다. 잘 썼다고 생각하지 않으면 남에게 글을 보여주지 않는다. 대개는 지지나 응원이 필요해서 보여준다.

③ '것'이라는 표현을 쓰지 않고도 문장이 가능한지 고민해 보면 어떨까요? 그러면 문장이 부드러워지지 않을까요? 라고 되물었다.

쓰는 사람 입장에서 '것'은 만능이다. 글이 막힐 때 '것'을 쓰면 웬만하면 무사히 통과한다.

④ '것'을 사용하지 않고 쓰는 문장이 잘 쓴 문장이라고 생각한다. 물론 꼭 필요한 '것'은 쓰임이 요긴하다.

⑤ 당신의 글을 펼치고 '것'을 지우는 일을 해보라. 당신의 문장은 이제 프로 의식을 가졌다.

글쓰기의 적당한 거리는 어느 만큼일까?
소재와 작가의 관계

다 먹어 치운 빈 그릇 앞에서 당황한다. 자주 그런다. 음식 맛을 음미하고 시 구절도 생각하며 고상하게 밥을 먹으면 좋을 텐데. 글 쓰느라 밥때를 놓치는 경우가 있다. 뭐를 조금 쓰다 보면 어느새 남들은 밥을 다 먹고 난 시간, 밥집의 주방에선 브레이크타임이 곧 시작된다. 그때 배고픈가? 머릿속으로 생각을 더듬어 보는데 갑자기 배에서 꼬르륵 소리가 난다. 그러면 나는 못 들은 척 안 들리는 듯 조금 먹어볼까 중얼거리며 밥상에 앉는다.

① 글쓰기에도 여러 종류가 있다. 내가 좋아하는 글쓰기와 내가 쓰고 싶은 글쓰기와 내가 써야 하는 글쓰기와 내가 쓰기로 한 글쓰기이다.

② 주변을 조금만 자세히 살펴보면 많은 일이 글쓰기이다. 회사에서 파워포인트를 만드는 일도 글쓰기이고 엑셀로 문서를 작성하고 계산하는 일도

글쓰기이고 원고청탁서를 쓰는 일도 글쓰기이다.

음식이 내 앞에 놓이면 그때 허기가 들고 음식이 입속으로 들어가면 어느 순간 먹느라 정신이 없다. 허겁지겁 다 먹고 나면 빈 그릇이 민망하다. '좀 천천히 꼭꼭 씹어서 먹을 걸'이라는 생각은 텅 빈 그릇 앞에야 드는 생각이다.

주인 없는 개에게 내 음식을 나눠주는 경우가 있다. 길고양이에게 빵을 조금 떼어서 내밀기도 했다. 까마귀에게 과자를 던져주기도 했다. 나는 도시에 살고 있다. 그러니 내가 음식을 나눠주고 싶은 동물은 대부분 도시에 사는 동물이다. 생각해 보면 그들의 주인이 없다는 사고는 내 입장과 인간사회의 시선에서 기인한다. 원래 모든 것의 주인은 없다. 개가 개의 주인이고 고양이가 고양이의 주인이고 까마귀가 까마귀의 주인이다. 우리는 모두 우리 자신의 주인이다.

나와 감정적 관계를 맺지 않은 동물에게 내 먹거리를 불쑥 나눠주고 싶을 때가 있다. 그런 욕구는 내게도 불쑥으로 느껴지니까 불쑥 내 제안을 받은 동물은 더 당황스럽다. 먹거리를 내밀어도 동물은 절대 그냥 받아주지 않는다. 도망가지 않으면 다행이다. 내 제안을 받은 동물은 우선 이 상황이 어떻게 되어가고 있는지 살피려고 나와의 거리를 멀리한다. 당연한 이치. 불쑥 내민다고 불쑥 받아주는 동물도 없고 사람도 없다.

내 것을 나누고 싶다면 나누고 싶은 그것을 한쪽에 놓아두고 조금 떨어져 있는 게 좋다. 내가 상대에게 나누고 싶은 대상은 이야기일 수도 있고 먹거리일 수도 있다. 돈일 수도 있고 마음일 수도 있다.

③ 보이지만 아주 가깝지는 않은 거리, 그것을 적당한 거리라고 말한다.

적당한 거리만큼 멀어져 있으면 적당한 시간이 흐른다. 슬금슬금 조심스럽게 개 한 마리가 온다. 주변을 힐끔 살피고 한 걸음, 킁킁거리며 또 한 걸음 걸어온다. 바람에 실려 온 냄새라도 맡은 듯 컹컹 짖기도 한다. 적당한 거리로 물러선 나를 흘끔 본다. 한 걸음이 두 걸음이 되고 두 걸음이 세 걸음, 네 걸음, 다섯 걸음이 되면 어느새 밥그릇 앞이다. 먹지 말아야지 라고 결정할 거라면 밥그릇 앞까지 오기 전에 몸을 돌려 가 버렸을 테니, 밥그릇 앞에 도착했다면 밥그릇 앞에서 먹을까 말까를 고민하는 행동은 그저 그런 척일 뿐이다. 그때부터는 허겁지겁 먹는다. 주위를 둘러볼 새도 없이 허겁지겁 먹는다. 그리고 서둘러 사라진다.

다음번에 또 나누고 싶다면 내 것을 적당한 거리에 두고 물러서면 된다. 지난번에 내 것을 함께한 그 개라면 이미 낯선 이가 아니다. 적당한 거리를 갖느라 밥은 또 식을 테지만 적당한 시간을 갖는다면 너무 뜨거운 우리를 조금은 식혀줄 것이다. 그러니 오늘 밤 우리의 주인온 허겁지겁 먹은 밥이다.

④ **대개 작가와 소재가 너무 가까울 때 문제가 발생한다.** 멀면 쓰고 싶은 생각이 들지 않는다. 너무 뜨거운 사람의 측은을 식혀줄 그 틈이 필요하다. **주제와 적당한 거리를 두고 적당한 시간을 가질 때 좋은 글이 나온다.** 글의 소재와 작가의 감정이 너무 가까우면 감상에 젖은 글이 나온다.

매일 마주하는 내 밥그릇 앞에서도 적당한 거리를 두고 알맞은 감정을 갖기 쉽지 않다. 너무 멀거나 너무 가까운 게 참 많다. 내가 그러지 않았다고 시치미를 떼기도 민망하다. 출판사에서 함께 일하는 동료들은 어느 만큼은 서로를 못 본 척해 준다. 글에서 툭, 시치미를 떼고 넌지시 펼쳐 보일 줄 알면 참 좋겠다.

「허겁지겁」 창작시 158쪽

말줄임표의 쓰임
쓰고 싶은 말을 쓰지 않는 방식

내가 습작 시절에 무수하게 애용한 문장부호가 있다. 바로 말줄임표다. A4용지 크기의 노트를 꽉 채웠다고 흡족해하며 옆자리를 흘끔 봤다. 함께 글쓰기 연습을 하는 글 친구도 종이 한 장을 거의 채워가고 있었다. 오래전 카페에서 만나던 글 친구다.

일주일에 두 번씩 모여서 조용히 서로 자기 글만 한 시간가량 쓰다가 헤어지곤 했다. 그중 한 명은 등단해서 시인이 되었으며 다른 둘은 글을 좋아하는 사람으로 산다.

우연히 글 친구의 노트에서 말줄임표를 봤다. 한 개나 두 개가 아니었다. 종이 한 장에 스물여덟 줄 정도가 있었지 싶은데 두 줄마다 말줄임표가 하나씩 있었다.

나도 모르게 말줄임표가 너무 많은데, 라고 혼잣말을 했다. 글을 쓰던 친구가 예? 라고 말하며 나를 쳐다

봤다. 아마 무슨 말인지 제대로 못 들어서 되물은 듯했다. 나는 조금 민망해져서 얼른 내 노트로 시선을 돌렸다. 그런데 이번에는 내 종이에 있는 말줄임표가 보였다. 세상에나, 어느 줄에는 말줄임표가 두 개나 있었다. 나도 모르게 소리쳤다.

"아니, 말줄임표가 엄청 많네!"

그 전 주 토요일, 배다리 헌책방에 찾아가 작가와의 만남 토크를 들었다. 이야기 중에 말줄임표에 대한 에피소드도 있었다. 카페에서 글쓰기를 하던 나와 내 글 친구들은 그날 각자의 노트에서 말줄임표를 지웠다.

말줄임표는 매우 유용한 문장부호이다. 그러나 또 잘못 쓰기 쉬운 문장부호이다. 말줄임표를 쓸 때는 말줄임표를 지우고 그 자리에 꼭 맞는 문장을 써보라. 말줄임표 없이 적절한 구절로 문장을 마칠 수 있다면 그 문장에는 말줄임표가 알맞게 쓰였다. 만일 말줄임표를 썼는데 밑줄임표 자리에 꼭 맞는 구절이 떠오르지 않는다면 그래서 말줄임표 없이는 온전한 한 문장을 완성할 수 없다면, 그 문장에는 말줄임표가 잘못 쓰였다. 완성하지 못하는 문장을 감추려고 말줄임표를 꾹꾹 찍어놓았을 뿐이다.

그날 이후, 나는 말줄임표를 쓰지 않기로 했다. 습작 시절 나는 말줄임표가 적절한지를 가늠하기가 너무 어려웠다. 아닌 것은 알겠는데 맞는지는 모르는 상황이었다. 차라리 문장을 완성하자, 라고 생각했고, 그때부터 문장을 온전하게 쓰는 연습을 했다. 그랬더니 A4용지를 채우는 데 전보다 시간이 많이 걸렸다. 나도 모르게 말줄임표로 꾹꾹 누르고 쓰윽 넘어간 여러 문장이 보였다. 고민하다 밀쳐 둔 생각도 찾았다.

말줄임표는 쓰고 싶은 말을 쓰지 않는 방식으로 글

을 강조하는 문장부호이다. 쓰고 싶은데 쓰지 않다니! 그만큼 꼭 필요할 때만 요긴하게 써야 하는 어려운 기호이다. 지금 당신의 노트에 말줄임표가 몇 개 있는지 세어보면 좋겠다. 말줄임표만 쓰지 않아도 비문을 덜 쓸 수 있다.

마음에도 말줄임표가 있다는 걸 알았다. 그동안 말줄임표를 쓰지 않는 방식으로 글을 써왔는데 정작 마음에는 말줄임표를 잔뜩 달았다. 말줄임표로 꾹꾹 누르지 않고 마음을 온전하게 만드는 연습을 해야지. 밀쳐 둔 감정은 기껏해야 내 뒤통수에 가 있는데 못 본 척하느라 참 바쁘게 살았다.

6부
꾸준한 글쓰기 연습

글에도 말투가 있다.
　　스타일 만들기

얼마만큼씩 써야 연습이 될까?
　　종이와 언덕

따라쓰기, 필사와 필타
　　작가의 지구력

글에도 말투가 있다.
스타일 만들기

사람 각자에게 말투가 있듯이 글에도 말투가 있다. 당연하다. 말을 히고 있으니 말투가 존재한다. 말을 입으로 하느냐, 글로 하느냐, 몸으로 하느냐, 방식에 차이는 있을지라도 각각은 투가 있다. '투'를 달리 말하면 개성이다.

어느 날 알았다. 내 주변엔 목소리 톤이 비슷한 사람들이 많았다. 우연인 줄 알았다. 그러다 아! 내가 편애하는 톤이 있다는 걸 깨달았다. 주파수라고 해도 좋고 음역대라고 해도 좋다. 높지 않은 목소리 톤을 가진 사람들이 내 주위에는 많았다.

그냥 좋아. 왠지 편해. 딱히 이유는 모르겠는데 무작정 좋아. 이런 말이 있다. 내가 누군가에게 했던 말이기도 하고 누군가가 내게 해준 말이기도 하다.

우리는 자신의 말투를 가지기까지 엄청나게 말을

많이 해왔다. 옹알이부터 시작된 연습은 정말 눈물겹다. 각자의 말투에는 타고난 부분도 있고 연습으로 보완한 부분도 있다. 여기서 중요한 것은 말을 자유롭게 하기 위해 많은 연습을 한다는 점이다. 글에도 말투가 있다. 글의 말투에도 태생적인 부분이 있고 연습적인 부분이 있다. 그리고 글을 자유롭게 쓰기 위해서도 말처럼 많은 연습이 필요하다. 그 연습은 태생적 장점을 잘 살리는 방식이어야 한다. 그러면서도 잘 소통이 되는 방식이어야 한다. 소통이 잘 되려면 결국 잘 읽혀야 한다. 잘 읽히려면 글은 자연스러워야 하고 글의 내용은 공감을 끌어올 수 있어야 한다. 연습이 필요하다. 글을 쓰고자 한다면 옹알이부터 시작한다는 심정으로 임할 필요가 있다. 그렇다면 이미 당신은 프로의 자격이 있다.

내가 과연 독자들이 좋아하는 글의 말투를 가졌을까? 사람들의 마음을 마냥 끌어당기는 글을 쓸 수 있을까? 내 글에 그런 매력이 있을까? 그런 질문에 대한 긍정적인 답을 먼저 확인하고 글쓰기 연습을 한다면 참 효율적이겠다고 생각한 적이 있다. 그렇지만 아기가 말을 배우는 상황을 떠올려보다가 이런 소망이 얼마나 어리석은지 깨달았다.

아기는 엄마의 입 모양을 보고 반복해서 소리를 낸다. 엄마와 가장 비슷한 소리를 내려고 노력한다. 입을 오므려 소리를 만드는 일을 계속 연습한다. 그러면서 낱말을 말하고 문장으로 말한다.

그러니 작가가 되고 싶다면 아기가 엄마의 입 모양을 따라 소리를 내듯이 사물을 따라 길게도 쓰고 짧게도 써 보자.

감나무를 올려다보면서 감이 모양으로 하는 말을 받아쓰고 사과 껍질을 벗기면서 색깔로 떠드는 사과의 수다를 받아쓰자. 개울에 발을 담그고 속도로 말하는 개울의 언어를 받아써 보자. 주변이 들려주는 소리에

귀를 기울여 제목을 붙이고 사물이 보여주는 모양을 따라 문장을 완성하자.

근래 깨달았는데 나는 소리에 조금 민감한 편이다. 어릴 적부터 피아노 건반 소리가 좋았다. 왠지는 모르겠는데 세상에는 나를 안심시키는 소리가 있다. 반면에 까닭을 대기는 어려운데 꺼려지는 소리도 있다. 몇 년 전에 그 이유에 음의 높낮이가 들어간다는 걸 알았다.

내 주변에는 내가 좋아하는 소리가 많다. 아마도 편안한 소리가 들리는 쪽으로 자꾸 발길이 가는 듯하다.

「식물의 말투」 창작시 184쪽

얼마만큼씩 써야 연습이 될까?

종이와 언덕

종이든 컴퓨터든 설령 흙바닥이든 자신이 가질 수 있는 가장 큰 바닥을 확보해라. 가끔 핸드폰으로 글을 쓴다는 사람을 만난다. 핸드폰 안에 글이 들었다면 핸드폰에 쓴 글자 수를 세어보면 어떨까?

양이 중요한가요?

① 양이, 분량이, 글자 수가 중요하다. **글자 수를 확보해라.** 주저리주저리 일단 써라.

만일 핸드폰으로 써야 한다면 그래야 더 잘 써지는 것 같으면, 종이 위에 쓸 경우보다 더 잘쓰는 방법을 생각해 보자.

핸드폰 크기는 제각각이다. 핸드폰 화면을 손바닥으로 재면 손바닥보다 작다. 손바닥만 할 수도 있다. 제아무리 커다란 핸드폰이라도 손바닥 두 개를 펼친 크기보다 크지 않을 듯하다.

종이 한 장 있어? 라고 누가 물으면 A4용지를 자연스럽게 떠올린다. 시대마다, 상황에 따라, 종이의 형태와 크기가 다르다. 질감도 다르고 두께도 다르고 가로와 세로도 다르다. 같은 질문을 이십 년 전에 했다면 지금과는 답이 달랐을 것이다. 같은 질문을 20년 후에 한다면 또 답이 다를 것이다. 어쨌든 A4용지 한 페이지를 채우려면 200자 원고지로는 6~7매를 써야 한다.

200자 × 7페이지 = 1,400자

핸드폰에 일천사백 글자를 써야 A4용지에 쓴 글 하나가 완성된다. 1,400자를 써야 종이 한 장을 채울 수 있다.

길게 주저리주저리 쓴 글에서 필요 없는 부분을 빼는 일은 그나마 할만하지만 쓰지 못한 글자를 새로 생각해내서 덧대는 일은 참 쉽지 않다. 어제 쓴 단어와 같은 맥락의 단어를 빼고, 한 달 전에 쓴 감정과 비슷한 감정을 빼고, 일주일 전에 쓴 줄거리와 닮은 줄거리를 빼면 과연 몇 글자가 남을까?

② 반복해서 쓰는 감정의 단락을 빼라.

③ 어제 쓴 낱말을 또 썼다면 반복해서 쓴 낱말을 지워라.

유명 출판사에서 나온 시집을 읽었다. 유명한 상도 받은 촉망받는 시인의 작품집 뒤에서 저자보다 더 유명한 평론가가 썼다는 평설을 읽었다. 평론가는 시집 전체에 '마음'이라는 낱말이 여러 번 나온다며 낱말 '마음'의 개수를 셌다. '마음'이라는 낱말의 반복성과 저자와의 관계성, 작품집에서의 역할 등에 관하여 논한 바를 읽었다. 글을 쓰다 보면 반복되는 어떤 낱말이 있고 자주 겹치는 감정이 있다. 돌려세우려 해도 자꾸 튀어나오는 에피소드도 있다. 지우고 바꾸고 어떻게든 제외하려 하지만 그래도 반복되는 선이 있다. 그럴 수 있다. 기왕지사 반복되는 낱말이라면 세밀한 낱말이 좋다.

④ **세밀한 낱말이 세밀한 감정을 담기 좋다.**

⑤ **일주일 전에 쓴 스토리와 어딘지 비슷한 맥락의 줄거리를 또 썼다면 그 에피소드를 제외하라.**

⑥ 그렇지만 **반복해서 쓰고 있어도 걱정하지 말고 일단 쓰라.** 쓰고 확인하는 일이 작가의 일상이고 작가의 작업이다. 일단 쓰고 그리고나서 반복된 낱말과 반복된 스토리를 발견했다면 당신은 이미 작가이다.

⑦ **종이가 매우 중요하다.** 어떤 종이에 글을 쓸지 정하고 한 바닥을 꽉 채우는 연습을 게을리하지 않는다면 당신도, 나도, 좋은 글을 쓸 수 있다.

글쟁이에게 한 바닥을 쓰는 행위는 매일의 오르막이다. 한 바닥을 오르는 일을 매일 하자. 오늘 하루 한 바닥을 오른다면 백두산도 한라산도 내 경사가 되고 오늘 하루 한 바닥을 미룬다면 동네 작은 언덕도 몇 번을 쉬어 헐떡거리며 가게 된다.

따라쓰기, 필사와 필타
작가의 지구력

한여름이었다. 몇 년 전인지 손가락으로 헤아려야 언제인지 겨우 알 수 있는 여름이다. 그때 우리 집에는 에어컨이 없었다. 방마다 선풍기가 하나씩 있었고 거실에는 선풍기가 두 대가 있었다. 그럭저럭 버틸만했는데 팔월이 되자 여름 더위가 무서워졌다. 처음으로 더워서 죽을 수도 있겠다고 생각했고 폭염으로 사망자가 발생했다는 뉴스가 조금은 이해됐다.

그해 삼월부터 단편소설을 필사했다. 일주일에 한 편을 필사했고 캠퍼스 노트를 두 권째 쓰고 있었다.
한동안 시가 잘 안 써지더니 급기야 산문도 안 써졌다. 슬럼프가 해를 넘기고 있었다. 글이 써지지 않아서 다른 작가의 문장을 필사했다. 가끔 시를 필사했고 매일 단편소설을 필사했다. 시를 필사할 땐 한 번만 따라 쓰지 않고 다섯 번 혹은 열 번 반복해서 필사한다. 시를 외우면 가장 좋은데 그게 만만치가 않다. 이 시는 외워야겠어. 그런 결심을 하게 만드는 시도 있다. 혹은 오늘부터 한 편씩 외워 보자. 그런 계획을 세운 적도 있다. 남의 시를 못 외우겠으면 내 시라도 외워 보자. 그런 생각을 한 적도 있다. 시간을 정해서 시도하기도 했지만 규칙적인 실천은 어려웠다. 그나마 쓰는 일이 조금 수월했다. 암기보다는 필사가 쉬웠다. 외우고 못 외우고는 일단 미뤄두기로 하고 따라 썼다. 쓰는 행위는 나를 안심시키는 효과를 냈다. 나는 불안할 때마다 따라 썼다. 그 여름 칠월과 팔월과 구월에는 단편소설을 반복해서 필사했다. 하나의 단편소설을 따라 쓰는 일을 두 번씩 했다.

필사는 뜨개질이나 바느질과 비슷해서 그냥 쓰고 있으면 어느 순간부터는 무슨 내용을 필사하는지도 모른 채 쓰는 행위에 몰두하게 된다. 내용을 익히지 않는 필사는 해봤자 별 소용이 없다고도 한다. 그 시절 내게는 다른 선택지가 없었다. 쓰지 않을 수는 없겠고 써지지는 않고 날은 더웠다. 그냥 따라 썼다.

단편소설을 필사하고 중편소설을 필사했다. 필타도 했다. 필사는 볼펜이나 연필로 종이에 따라 쓰는 방법이고 필타는 컴퓨터로 타자를 쳐서 따라 쓰는 방법이다.

필사를 많이 했다고 해서 단숨에 슬럼프에서 벗어나지는 못했다. 그렇지만 오래 쓰지 못하는 시간 동안 나를 붙잡아주는 끈이었다. 나는 필사라는 끈을 붙잡고 한 걸음 한 걸음 천천히 걸었다.

무더운 여름밤에 책상에 앉아 글자를 눌러쓰고 있으면 팔꿈치부터 손목까지 땀이 났고 종이가 쩍쩍 소리를 냈다. 볼펜 글씨가 땀에 번져 흔들려 보였다. 책상에 엎드려 자다 깨는 새벽이면 입가에 침이 말라 있었다. 종이에도 침이 번져 꾸깃꾸깃했다.

글 연습을 하고 싶다면 필사와 필타를 추천한다. 중간에 좀 틀려도 되고 정신을 똑바로 차리지 않고 써도 된다. 몇 문장쯤 빼먹고 써도 되고 넋 놓고 쓰다가 어느 단락을 두 번이나 써도 상관없다. 만일 오류가 있으면 그다음부터 다시 정신 차리고 따라 쓰면 된다.

좋은 글을 따라 쓰는 방법은 글쓰기 공부로 참 좋다. 필사를 하면 내가 한 행동이 노트에 남는다. 글씨가 결과물로 남아서 마음을 조금 채울 수 있다. 좋은 글을 찾아서 따라 쓰라. 분명 당신은 좋은 글을 쓸 수 있다.

그해 무더운 여름과 더 무더운 슬럼프 동안 내 손을 잡아준 필사가 고맙다.

「4·3평화문학상 수상 시집」 공동저서 출판기념회를 하러 제주에 다녀왔다. 행사가 끝나고 이야기를 나누다가 한 선배 작가에게서 습작 시절에 단편소설을 외웠다는 말을 들었다. 대단하다. 나도 한번 따라 하고 싶다.

이제 내 방에는 에어컨이 있다. 여름이 와도 걱정이 없다. 올여름 휴가 때는 또박또박 소리를 내가며 책을 읽어야지. 눈으로 보고 입으로 말하고 귀로 들어야지. 한 가지 글을 백 번쯤 읽으면 입에 자연스럽게 붙지 않으려나. 천장에서 부는 에어컨 바람은 시원할 테고 백 번쯤 읽은 책은 그때쯤이라면 눈에 익었을 테고. 귀에도 익숙해졌을 거야. 그러면 혹시 외워질지도 모른다. 외우지 못하더라도 친해질 수 있다. 그렇게 여름이 익겠지. 벌써부터 여름이 기다려진다.

7부
창작시

폭포
귤
엉덩이 눈
염소 방목장
발을 만졌다고 했다
허겁지겁
양띠
해류도 슬픔
발목만 남았네
새
당나귀 속엔 몇 마리나 되는 당나귀가 들었을까?
구겨진 거미들
경사
누워서 하는 생각은 멀리도 간다
저녁의 집
발끝의 사례
식물의 말투

폭포

폭포는 순간이 없다.
멈춤이 없다.
멈춤이 없으니
지구의 부속품 중 하나

폭포 아래에는 지구의 명치가 있어서 지구와 같은 시간을 흐르고 지구와 같은 기억을 간직하고 지구와 같은 길이를 짊어지고 지구와 같은 두통을 앓는다. 지구의 이마를 짚는 폭포. 쏟아지는 이유를 들어보자. 움푹하게 팬 곳을 더 움푹하게 파는 낙하가 그곳에 있으니, 움푹하게 팬 곳을 치는 주먹들이 있으니.

그곳에 소란이 있으니.

폭포 위에서 사람이 죽었다. 그건 떨어지는 물보다 더 빠른 죽음이었겠지. 그건 쏟아지는 하늘보다 더 파란 죽음이었겠지. 순간이 있었다면 치솟는 일 같은 건 생각도 않고 아래로 아래로 순응하며 살 수 있었을 텐데. 차라리 바닥을 천명으로 여기고 손안의 주먹밥이 식은 걸 팔자 탓으로 돌릴 수 있었을 텐데. 문득 올려다본 곳엔 두 손이 묶인 채 위로 위로 끌려 올라가는 폭포가, 파랗게 질려서 밑동까지 덜덜 떠는 폭포의 귀청들이,

    폭포를 보고 있으면 계속 흐르는 중인지
    계속 치솟는 중인지 모를 때가 있다.
    함께 흐르는 듯 함께 치솟는 듯 폭포에게
    무엇을 봤냐고 물어본다.

    귀가 어두워서 모른다고
    못 들었다고
    못 봤다고 하고

    바닥에서 다시 튀어 오르는 물은 마치 무명천이 펄

럭이는 것 같다.

 흘러간 물을 되돌리려 안간힘을 쓰는 폭포. 이미 흘러간 물줄기는 천 리를 지나고 만 리를 지나고 지금쯤 어느 별에 닿았을 것인데.

 우리가 몰라서 그렇지 낮마다 밤마다
아무도 모르게 폭포는
그 옛날의 물줄기를 계속 끌어올리고 있다네.

귤

익지 않은 파란 귤은
문이 없다.
문이 없으니 누가 문고리를 잡아당길 일도 없다.
마당으로 나오라고 소리 지르는 일도 없다.

파란 귤은,
꼭 붙어서 노랗게 익을 때까지 견뎠을 텐데.
하루가 다르게 자랐을 텐데.
손바닥에 물집이 잡히고 아물고 또 잡히고 아물도록
남쪽의 햇살을 조물닥거렸을 텐데.
먼바다가 끌고 온 폭풍에도
가지의 끝을 악착같이 버텼을 텐데.
식구들은 어깨를 바싹 붙이고
서로를 더 꼭 끌어안고
발끝을 맞대고
하나의 동굴인 듯
하나의 돌멩이인 듯 태연한 척했을 텐데.

이듬해 봄으로 도착하면 된다며
서로를 다독이고 다독였을 텐데.
파랗게 울어도 되고 떨어도 되고 칭얼거려도 되었을 텐데.
서로를 더 바싹 끌어안는 방식으로 견뎠을 텐데.

노란 귤의 꼭지에 손톱을 푹 찔러 넣으면
귤은 노란 속을 속절없이 드러낸다.
열 쪽의 식구들,
하얀 그물로 스스로를 꽁꽁 싸매고 있는 슬픔들
그 하얀 시간들 쉬이 틈을 보이고 말아서
그땐 왜 파란들이 없었을까.
파랗게 덜 익은 방들이 왜 없었을까.
입안으로 쏟아지는 노란 말들은
구태여 꼭꼭 씹지 않아도
그 속앓이들이 톡톡 씹힌다.

노랗게 익은 귤을 보면 불안하다.
손쉽게 깔 수 있는 귤을 보면 또 불안하다.
그 노랗게 익은 귤들이
여전히 섬을 먹여 살리고 있다.

엉덩이 눈

- 아프리카 어느 마을에서
소의 엉덩이에 눈을 그려 놓았더니
사자가 달려들지 않았다고 한다.

적어도 사자는
눈을 밥이라고 생각하지 않았다.
그 환한 불안과 속수무책을
먹고 싶어 하지 않았다.
눈을 먹고 존재들의
불안과 잔상을 앓고 싶지 않았다.

천적이라는 말은 너무 구석 같은 말이지만 그 관계는 같은 언어를 쓸 것 같다.

눈과 눈이 마주친다는 것, 막다른 골목을 주고받는 일, 혹은 뉴스나 책을 읽어 주는 사람. 중세의 성직자처럼 수천 페이지의 하루들을 한 단락으로 요약하고 한 문장으로 해석해 주는 눈들.

눈은 어느 한쪽을 선택해 앞이라 정한 천형. 엉덩이에 눈을 그렸다면 눈과 가장 가까운 건 의자다. 사자는 의자를 먹이로 여기지 않는다. 의자는 다만 걸터앉는 일에 대한 모범 답안을 여러 개 알고 있어서 눈치의 상징, 소문의 은유, 불안한 착석.

사자는 그런 맛없는 것들은 먹지 않는다는 증거다.

내 뒤쪽에는 누군가의 앞이 있을 것이다. 나는 또 어떤 뒤쪽을 향해 걷는다. 어제 바구니에 담지 않은 풀의 목록을 신호등처럼 세워두는 일은 그래서 필요하다. 바람도 엉덩이쯤에 눈을 달아 놓아 몸을 돌리지 않고도 방향을 바꿀 수 있다.

사자와 인간은 아직도
눈이라는 다른 차원을 살고 있어서
눈에 들키고 눈을 섬기도 한다.

염소 방목장

신은 아마도 그림자를 만들고
그러고도 남은 검은색으로 염소 몇 마리를 만들었을 것이다.

염소의 배 속에는 구릿한 비탈이 오르막과 내리막으로 들었다. 쓰고 남은 그림자는 차례와 같이, 염소는 칠흑같이, 짙은 털빛을 가졌다.

경사 아래로 구르는 돌은 별생각이 없다.

염소가 비탈을 오른다. 파란 하늘에는 구름이 굴러다니고 구르는 구름에도 비탈은 있어서 구릿한 경사가 수시로 위와 아래를 바꾼다. 염소는 잘 구르지 않는 짐승, 그러나 구르는 일은 꼭 필요한 일. 동글동글한 염소 배설물은 제자리에서 잘 구른다.

뿔을 흠모한 자리에서 꽃이 자라면

염소는 마음이 길어져서 뚝뚝 끊어지듯 울고, 짧게 잘라서 입 밖으로 내보내는 울음에 개망초꽃, 제비꽃, 칡꽃이 피었다.

염소 방목장에 사는 노인이 네 발로 돌아다닌다. 비탈을, 염소를, 닮아간다. 노인의 늙은 눈동자가 낮 동안 옆으로 길게 찢어지는 건 등 뒤에 남겨 둔 시간을 노심초사하는 까닭이다.

풀과 꽃을 구분하지 않는 염소들이 집으로 돌아온다. 염소의 털빛보다 더 짙게 깔린 밤과 더 옅은 밤을 가려서 지붕 밑으로 잠자러 온다. 비탈을 구겨 둥글게 뭉칠 수도 없고 둥근 밤에 비탈을 그려 넣을 수도 없는 사정을 저마다의 잠에 푹신하게 깐다.

한 칠 년 끝없이 비가 오더니
염소들의 눈엔 여름보다 넓은 호수가 생겼다.

발을 만졌다고 했다

소에게 긴 팔을 집어넣는 사람을 보았다.

느닷없이 저녁 어스름 속으로 끌려들어 가듯
긴 오솔길 하나가 소실점으로 걸어 들어가듯
소의 배 속으로 손을 넣어 발을 만졌다고 했다.
새 한 마리가 돌을 뚫고 들어가듯
꽃 속에 있다가 사과를 뚫게 된 사과 벌레처럼

한 번도 바닥을 딛지 않은 발 하나를 만졌다고 했다.

먼 곳을 더듬느라 눈을 감아야 했다고 했다. 어깻죽지까지 팔을 밀어 넣어야 했다고 했다. 먼 마을을 확인한 후에야 비로소 안도했다고도 했다. 길은 손에 잡히는 만큼에서 시작되었지만 어디까지 가고자 했던 걸까 궁금했다고 했다. 은하의 시간으로 행성의 벽을 통과해서 풀밭에서의 되새김질을 오래 따라갔다고 했다.

지구 위를 딛고 있는지
지구의 아래를 딛고 있는 건지 알 수 없었다고 했다.
땅껍질을 오래 뚫었고
모호로비치치 불연속면의 온도에 불현듯 도착했다고도 했다.

가까운 전설과 먼 이해를 지나온 두 발이
하루에도 몇 번씩 배 속에서 발길질했던 건
발 디딜 곳을 찾는 거였을까.

아침저녁으로 발을 디뎌보곤 했는데 위와 아래는 수시로 옮겨 다녔다. 느닷없이 불쑥 들어온 손 하나가 위와 아래와 옆과 옆이 있는 세계로 발을 끌고 간다. 보험 약관을 샅샅이 뒤져도 찾아지지 않는

나는 한때 바닥이었던 적이 있다.

허겁지겁

굶주린 개가 허겁지겁 밥을 먹는다.
사람이 옆에 있는 밥그릇은 사람처럼 무섭고
저만치 사람이 비켜선 밥그릇은
허겁지겁 맛있다.

밥이 개의 목울대를 들썩이고 수돗가 바람을 들썩이고 벚나무의 순한 연두를 들썩이고 비닐하우스의 견고한 기둥 사이를 들썩이고

뒷마당의 그늘로 돌아선다. 들끓던 마음은 기포처럼 사라졌다.

개는 사람이 챙겨준 밥을 먹은 것이 아니라
저만치 사람이 물러선 밥을 먹었다.
그렇게 네 발 달린 밥으로부터 멀어졌다.

지붕은 지붕에 떨어지는 빗소리의 소유권을 주장

하겠지만
 꽃이 지는 며칠은 주인 없는 며칠

 쏟아진다고 다 낭패는 아니지. 그 어디쯤 지극한 하류가 있어 제풀에 지치든 제멋에 깃들든 흘러가겠지.

 밥을 담아서 한 곳에 놓으면 떠돌던 개가 싹싹 비우고 간 틈,
  너무 뜨거운 사람의 측은을 적당히 식혀주는 그 틈,
  오늘 밤 개의 주인은 허겁지겁 먹은 밥이다.

양띠

띠는 안경 같은 거야.
양의 시력은 풀밭,
풀은 여름으로 번져가지만
겨울엔 건초더미로 뭉치지.

흩어지면 꽃 피고 뭉치면 매애매애. 해처럼 이글거리는 매애매애, 들판으로 매애매애, 언덕으로 매애매애, 계곡에서 이글거리는 매애매애.

모이면 덩치가 될 수 있다고 믿는 사람들, 내 차례는 무리 밖에 숨었다고 믿는 사람들, 안으로 안으로 뭉치면서 작아지는 불행이 있다.

띠, 혹은 띠. 나는 오늘부터
모여 있는 우리를 갇힌 우리라고 여기기로 했다.

양들이 서로 머리를 섞는다. 양은 먼 곳을 눈앞에

끌어다 놓고 양은 먼 말을 가까운 말이라고 믿으며

    양 백 마리 중엔 반드시 늑대 한 마리가 버젓이 있고

친다,
그것은 기르고 늘인다는 말.

    안으로 쏟아지는 소나기, 쉽게 구부러지는 소나기들, 비 온 뒤에 이글거리는 매애매에, 비 오듯 이글거리는 매애매애.

    꽃과 풀의 색깔이 합쳐지면 양털 색이 되고

해류도 슬픔

북위 44도, 동경 178도 홍콩에서
미국으로 가던 화물선이 폭풍우를 만났다.
컨테이너 하나가 기우뚱 바다에 빠졌고
이를 틈 타 오리들이 탈출했다.
늪지나 저수지나 툰드라도 아닌,
해류를 옮겨 다니는 새로운 철새 무리가 되었다.
욕조들은 심심해졌고
거대한 대양은 앙증맞은 부력을 느꼈는지
역방향으로 물그림자가 밀린다.
한 호흡의 공기로
평생을 떠서 다녀야 하는 노랑 오리들의 해류기
물 위를 떠다니면서도
물 한 방울을 모르는 오리들의 속
안과 밖을 따로 살아야 한다.
오리들은 알래스카에서 발견되었고
일부는 하와이에서 발견되기도 했지만
몸이 점점 얼어붙었다 얼어붙은 채

동쪽으로 동쪽으로 이동했다.
따끔, 붉은 핏방울이 돋을 만큼의 구멍이 없어
해류를 떠돌아야 하는 오리들의 슬픔
지구가 일억 삼천 톤의 물을 품고도
단 한 방울도 지구 밖으로 흘리지 않듯
오리는 숨소리를 한 방울도 흘리지 않는다.

영국의 수학자는 눈과 코와 입이 없는 오리를 집어 들고 갸웃할 것이며 보드룸 해변의 아이는 이 노란 밀물의 끝을 주워 들고 이곳이 터키라고 말해 줄 것이며 미국의 늙은 어부는 오리를 다시 힘껏 집어던질 것이다.

오리들은 리아스식 해안의 프렉탈을
이행하고 있는지도 모른다.
그러고 보니 물을 밟고 푸드덕 날아오른
노랑을 본 것도 같다.

발목만 남았네

바라나시, 화장터
얼마 되지 않는 나무는 연기가 다 가져가고
젖은 나뭇단을 태우듯 빈 몸을 태운다.
살아서도 껑충했던 키,
죽어서도 나뭇단 밖으로 내놓고 있다.
깨끗한 물로 입을 씻고
깨끗한 물로 발을 씻어도
왁자지껄한 무표정,

타고 있는 발목을 부지깽이로 툭 툭 부순다. 제 몸의 길이조차도 재단할 수 없던 생, 죽어서도 맨발은 온몸을 데리고 불길 밖으로 도망치지도 못한다. 연기와 뒤섞인 재가 날린다. 발이 시려 죽음에서 잠깐 깰 듯도 한데. 연기마저 다 타버리면 아무것도 남지 않은 무릎은 상체를 휘청거리며 윤회의 신분을 찾아가겠지.

한밤, 이불 밖으로 나간 발은 자주 잠을 깨곤 했을

까. 몸은 잠의 안에 두고 두 발은 잠의 밖에 있던 생전, 꿈속엔 집 밖보다 더 시린 발자국들이 찍히곤 했을까.

 다 타고 맨발 두 짝만 남은 장례,
 발은 아직 시리다.
 나뭇단의 화염은 여기까지가 끝이고 가난한 저승은 멀다.
 실존으로 와서 형식으로 가는 생이다.

새

분명 새장 속을 샀는데
새가 든 새장 속인지 새가 없는 새장 속인지 확실하지 않다.

묻는 자세가 한 꾸러미로 묶이면 기도하는 새벽이 완성되듯이 정수리 언저리를 만지작거리다 보면 거기 새장 하나 언제 적부터 있다.

가끔 노랫말을 놓치고 빈 멜로디만 흥얼거렸다.
문은 여는 데 진심일지 닫는 데 진심일지 확실하지 않다.

공기를 가두는 일은 죽음만이 할 수 있는 일이라서
새장 속엔 지구만 한 공기가 있고
지구의 절반만 한 낮과 밤이 있다.
그러니 절반을 재려면 낮과 밤을 재면 되고
공중의 크기를 재려면 새장 속

새 한 마리만 빼면 된다.

한 도시의 귀를 모아도 새장은 넘치지 않는다. 한 마을의 모퉁이를 모아도, 한 집의 속삭임을 모아도, 새장은 넘치지 않는다. 새의 생태를 연구하듯 새의 인식을 관찰한 이가 어딘가엔 있을까? 사람은 모르겠고 굳이 찾아보면 새장 하나 추천할 수 있겠다.

새의 빛깔은 장롱에 걸어 둔 옷가지들 색보다 많다. 서랍장에 넣어둔 빛보다 많다. 얼마나 차곡차곡 접어야 새 한 마리가 될 수 있을까.

세상의 숲에는 아직 이름을 알 수 없는 새들도 많아서
그러나 새를 푸는 일과 새를 풀어 주는 일은 전혀 달라서
안팎은 밤낮과 달라서

깊이 넣어 둔 것과 잘 넣어 둔 것은 또 달라서

이 모든 걸 새만 모른다.

당나귀 속엔 몇 마리나 되는 당나귀가 들었을까

언덕을 올라가는 당나귀는 오르막을 제 무게로 여긴다.

당나귀 등에 물건 싣는 기술을 알아낸 사람들
모른 체할수록 짐 넣을 자루가 늘어난다고 믿었다.

당나귀가 중얼거린다. 웬 언덕이 이렇게 많은 거야? 발목마다 달이 하얗게 뜬 당나귀가, 중얼중얼 걸어간다. 나는 왜 이리 무거운 걸까? 아마 내가 이 세상에서 가장 무거울 거야! 한때 태생이 귀했다는 걸 귀띔하는 흰 주둥이는 여전히 밝은데

으앙으앙 소금처럼 웃고
으앙으앙 솜뭉치처럼 운다.

등에 진 짐을 벗고 또 중얼거리는 당나귀

이런, 당나귀들이 도망쳤어. 저런, 언제 도망간 거야? 다시 짐을 짊어졌을 때 또 중얼거린다. 어, 내가 갑자기 무거워졌네. 이상하다, 내가 별안간 무거워졌어.

한쪽을 버리고 싶을 때마다 양쪽이 한쪽들을 방해했던가.

짐을 짊어져서 무겁다는 걸 알아내느라 나이를 온통 다 썼다는 사람을 안다. 또 짐을 벗으면 가벼워진다는 걸 알았을 땐 자신의 무게만으로는 안 되겠더라는 사람도 안다.

경쾌한 가혹을 감당하면서 방울 소리 하나가 언덕을 넘어간다.
산길을 가다가 불 피운 흔적을 만난다면

그곳을

당나귀가 잠시 가벼워졌다가 다시 무거워진 곳이라 여겨도 좋겠다.

제 것인 적 없는 걸 옮기는 자들의 여기,
오르막도 내리막도 만만치 않아서,
달의 공전 주기와 달의 자전 주기는 왜 또 같아서

당나귀는 소금처럼 녹고
솜뭉치처럼 무거워진다.

구겨진 거미들

빈손은 거미의 한 종류,
손을 펴면 거미를 쥐었던 흔적이 있다.

손금 보는 노인의 손 안쪽에 크고 추한 거미 한 마리가 있었다. 찌푸린 눈살을 꽉 깨문 입술, 주름진 얼굴은 모두 거미가 훑고 지나간 흔적, 절지동물의 표정 같다.

주름과 손금이
한통속이었다니
손가락과 발가락의 수라면 거미보다 많다고
꽉 쥔 손안에서 꿈틀거리는
이 복잡한 표정들
자신의 손금을 읽을 줄 모르는 사람이 많듯
자신이 거미라는 사실 또한
몇몇을 빼곤 모른다.

표정과 거짓말이 종신 계약의 관계이듯 재채기와 간지러움은 차라리 통증이다. 얇은 햇빛을 펴고 날아오르는 잠자리, 재채기하자 여치가 툭 튀어 나갔다. 손을 탁탁 털자 구겨진 거미가 떨어졌다.

함부로 곤충을 낚아챌 때마다
일그러지는 표정을 갖게 되었다고 했다.
가끔 풀숲처럼 울 때가 있다고
풀여치의 말투로 말했다.

경사

가령, 삼십 도는
후회하기 좋은 경사도인가
아이의 울음도 쉽게 굴러가지 않는 경사
안개라 한들 설렁설렁 굴러 내려갈 수 있었을까
찾으러 오지 않아서 의심하지도 않는 경사도
오름,
제주에는 그런 경사도가 많다.
완만해서 몰아붙이기 좋았다
덮어씌우기 좋았다.
억울하기에 딱 들어맞아 버린 경사
쉽게 올라갔으니 쉽게 내려올 줄 알았던 경사
아이들 웃음이든 울음이든 굴리며 내려올 줄 알았으나
앉아서도 머리가 닿던 동굴 천장을
발뒤꿈치에 묻혀 내려올 줄 알았으나
그런 시절도 있더라는
푸념을 비듬 털어내듯 머리를 흔들어대며 내려올

줄 알았으나

집과 밭과 솥과 돼지들은 올라가기 힘들었다.
그래서 두고 갔다.
챙겨가기 쉬운 공포와
달아나지 않는 두려움과
믿음 같은 소소한 것들만 가져갔다.

순진한 경사도라니
그래서 잊히기도 딱 좋은 경사도들이
제주에는 많다.

제주에는 그런 경사도가 일 년의 날수만큼이어서
매일을 올라야 한 해가 지나가는 사람들
밤마다 꿈의 안과 밖을 헤매고
또 달아나느라
숨느라

여전히 내려오지 못하는 사람들

아침이면
어느 중턱,
가락지나물이나
노랗게 멍든 꽃으로 피었다.

누워서 하는 생각은 멀리도 간다

서서 하는 생각은 걸어가거나 뛰어갈 뿐이지만
누워서 하는 생각은 시공을 건넌다.
다리도 아프지 않고 숨도 차지 않는다.

달의 앞면을 당기면 쓰윽 뒷면으로 들어가 있다. 거기라는 때에서 여기라는 곳으로 동그란 공처럼 굴러간다. 공처럼 구르면서 눈사람처럼 녹아내린다.

벌레들을 보면 날아가거나 기어가는 벌레가 많은데
기어가는 벌레는 왠지 누워서 가는 것 같은데
여름 내내 기어서 자신의 존재를 바꾸는데

안이 텅 빈 생각이 굴러간다.
몇 번의 변태를 거쳐 날아오른다.
불현듯, 몇십 년 전에도 똑같은 생각을 했다는 것을 기억해내고

생각은 여기까지

여름 내내 기어서

몇십 년 전과 똑같은 생각으로

하루, 한 달, 일 년이 동그란 공 같아서 천장으로 던지면

쿵!

뒷걸음으로 현관을 나가는 사람이 있다.

거꾸로 걸어 엘리베이터 안으로 들어간다. 뒷걸음으로 버스에 올라타고 카드단말기에 교통카드를 거꾸로 긁는다. 꽃가게 앞문을 거꾸로 나와서 손에 꽃다발을 쥔 채 거꾸로 지구를 걷는다. 겨울에 딴 빨간 사과를 크게 베어 문 입 언저리로 무더운 여름으로 꽃 피는 봄으로 별자리를 헤아리는 밤으로 노을의 한 줄로 아침으로 해가 높은 정오로 신석기를 지나 말랑말랑한 발자국 속 밀물로 꽃이 이름을 갖기 전으로 찰나의 한 점으로

178

누워서 하는 생각은 참 멀리도 간다.

저녁의 집

아침이라면 모를까
저녁들에겐 다 집이 있다.
주황빛 어둠이 모여드는 창문들
수줍음이 많거나 아직 야생인 어둠들은
별이나 달에게로 간다.

불빛이 있는 곳이라면 그곳이 어디건
다 저녁의 집들이다.

한 켤레의 염치가 짝짝이로 돌아왔다.
수저 소리도 변기 물 내리는 소리도 돌아왔다.
국철이 덜컹거리며 지나가고 설거지를 끝낸 손가락들이
소파 한끝에 앉아
어린 송아지의 배꼽, 그 언저리를 생각한다.

먼지처럼 버석거리는 빛의 내부

어둠과 빛이 한 켤레로 분주하다.
저녁의 집에는 온갖 귀가들이 있고
그 끝을 잡고 다시 풀어내는 신발들이 있다.

적어도 창문은 하루에 두 번 깜박이니까 예비 별의
자격이 있다.

깜박이는 것들에겐 누군가 켜고 끄는 스위치가 있다.
매번 돌아오는 관계가 실행하는 수상한 반경엔
집으로 돌아오는 길이 있고
스위치를 딸깍, 올리면 집이 된다.

별은 광년을 달리고 매일 셀 수 없는 점멸을 반복한다.
그러고 나서도
어수룩한 빛들은
얕은 수면 위로 귀가한다.

발끝의 사례

 망자는 두 발이 관의 끝에 닿지 않자 어쩔 줄 몰라 하는 것 같습니다. 살아서 살짝살짝 들었던 뒤꿈치를 죽음까지 갖고 오기라도 한 걸까요. 발바닥은 바닥이라고 여기는 곳을 여전히 짚고 있는 걸까요. 뒤꿈치는 불끈 쥔 주먹 같습니다.

 수많은 결심들, 거기서 시작된 걸까요.
 허방을 짚는 일들, 거기서 출발했던 일들일까요.

 한 뼘씩 자라는 키를 얻고 싶었을 것입니다. 아주 오래전에 헛디디는 꿈을 구입했을 겁니다. 헛디딘 발이 키를 밀어 올리면 깜짝 놀란 키는 서둘러 방향을 골라야 했을 겁니다.

 방향은 온순한 머릿결로 거친 수염으로 나뉘었을까요.

키를 잴 땐 벽이 함께 서 주었겠지요. 등을 맞댄 친구란 키를 함께 잰 친구, 벽은 처음 키를 잰 친구랍니다. 누군가 정수리를 툭 치는 순간에 자신의 키를 알게 되었다면, 누군가 수시로 정수리를 만졌다면 그건, 들린 발꿈치를 모른 척했다는 증거입니다.

수평도 키라고 부를 수 있을까요. 누운 사람의 키를 무어라 불러야 할까요. 누운 사람의 발바닥엔 갈림길이 몇 개 보입니다. 중심을 놓쳐 잠시 기우뚱했던 뒤축이 정오에서 조금 빗겨 있군요.

죽으면 남아도는 발끝들, 관의 공간이 남을 때 아끼던 옷가지들을 구겨 넣습니다. 하늘이 파랗고 베개같은 구름이 두둥실 떠 있는, 망자의 정수리를 만지듯 내 정수리를 만집니다.

침묵이 쑥쑥 자랄 것 같습니다.

식물의 말투

일요일 아침 유아 프로그램에선 꽃들이 말을 한다.
식물의 말투라고 생각했지만
그건 사람의 말투,
식물 밖으로 나가본 적 없구나.

꽃이 핀다는 건 열매를 전제하니까 열매가 말투려나

식물의 언어에는
노랗고 빨간 말투가 있고
우리도 눈짓으로 손으로 어깨로 말하기도 하잖아
혀를 빌리지 않는 말투가
어느 계절을 구원했다고 들었다.
눈을 치켜뜨고 노려볼 때
속눈썹 끝을 반짝이며 쳐다볼 때
쐐기가 다녀가고
사슴벌레가 다녀가고
사나운 나비효과가 다녀간다.

식물의 말투는 길어서 봄에 뱉은 말이 가을에야 끝나지. 처음엔 떫은 듯했으나 나중엔 아주 쓰거나 단맛이 나지. 아이의 입에 단맛을 넣어 주면 오랫동안 오물거리는 것도 열매의 말투를 배우는 중이기 때문일 거야.

말투는 동네를 빌리는 일
철탑 너머 지평선의 말투를
지평선 너머 낭떠러지의 말투를 빌린다.
가시도 내밀고 궁굴려도 본다.
바람을 손가락에 감다가 얇게 벼려진 햇살에 베이기도 하지만
겨울은 말투들의 차량 기지
말투 도서관
동지는 식물의 말투 반납일
조금 늦게 반납하거나 귀퉁이가 찢긴 채 돌아오는

경우도 있지만

    입춘이 되면 식물은 다시 말투를 빌리지.

    느릿한 말투로 다시 절기를 실천하지.
    사과는 사과나무의 말투 꽈리는 꽈리의 말투
    철조망은 과수원의 말투
    정오에겐 반듯한 말투
    제2외국어처럼 그래,
    나도 식물의 말투 하나는 가지고 있어야겠다.

8부
시작 노트

거꾸로 읽는 버릇이 있다.

「누워서 하는 생각은 멀리도 간다」 시작 노트

저녁 속으로 걸어가거나
저녁 밖으로 걸어 나오거나

「저녁의 집」 시작 노트

육교의 사주쟁이 노인

「구겨진 거미들」 시작 노트

빈 몸으로 갈 수 없는데
어떻게 욕심을 버릴까.

「발목만 남았네」 시작 노트

거꾸로 읽는 버릇이 있다.

「누워서 하는 생각은 멀리도 간다」 시작 노트

　내게는 책을 거꾸로 읽는 버릇이 있다. 책을 옆으로 뒤집고 뒤표지에서 시작하는 읽기이다. 뒤표지를 보고 페이지를 앞으로 넘기면 바로 그 책의 목적지가 있다. 내가 읽는 대부분의 책은 이백 쪽에서 삼백 쪽 사이이다. 224라든가 272라든가. 책의 마지막 쪽에는 내가 읽어냈어야 할 숫자가 있다.

　사실 책의 첫 장을 펴서 한 페이지씩 넘기며 묵묵히 읽는 일은 생각보다 어렵다. 문장을 꼼꼼히 읽으면서 문맥을 파악하는 일은 고되다. 흥미진진한 서사로 구성된 책을 읽을 때는 나도 모르게 책장을 넘길 때도 있다. 반전 있는 플롯이 더해졌다면 손뼉을 치면서 감탄하기도 한다. 그러나 여간하면 참고 견디며 책을 읽어야 한다.

　책을 읽어야 할 이유가 생겼다. 책을 읽고 감상문에 해당하는 원고를 쓰기로 했다. 아니면 이런 경우도 있다. 요즘 통 책을 안 읽었다. 불현듯 자각하고 책을 펼쳤다. 하지만 여러 가지 이유로 내 손에 들린 책을 온전히 읽어내기가 참 버겁다. 그럴 땐 책을 거꾸로 읽는다.

맨 뒷장으로 가는 일은 마치 어딘가로 달려가는 듯한 느낌을 준다. 전력 질주라도 한 것 같다. 숨이 차는 기분이 들 때도 있다. 벌써 여기까지 왔잖아. 휴우~. 내가 책을 거꾸로 읽는 방식에는 책을 옆으로 한 번에 뒤집어서 뒷장을 펼치는 방식도 있고 책의 앞장에서 책의 끝까지 휘리릭 넘기는 방식도 있다. 그런데 이상한 것은 이런 물리적인 행위가 나에게 안도감을 준다는 점이다. 그래서 나는 책이 잘 안 읽힐 때 휘리릭 맨 뒷장으로 달려간다. 이유는 모르겠는데 이대로 있다가는 책을 그냥 덮어버릴 것 같을 때 책을 옆으로 뒤집어 펼친다.

맨 뒷장부터 하나씩 읽어가거나 맨 마지막 챕터부터 읽으면 한 페이지를 읽어도, 한 챕터만 읽었어도 꽤 많이 읽은 듯하다. 왠지 조금 덜 불안해서 책을 다 읽지 않고 내려놓는 나를 덜 책망할 수 있다. 마지막 페이지를 읽었다고 다 읽었다는 기분이 들지는 않지만 맨 끝에 손이 닿으면 물리적 안도감이 든다. 가끔은 뒤에서 재미있는 생각을 찾아내고 그 책을 완독하기도 한다.

책을 표지만 읽었어도 읽었다고 할 수 있다. 책의 목차만 자세히 살폈어도 책을 읽었다. 책의 첫 챕터와 책의 맨 마지막 챕터만 읽어도 책을 읽었다. 설령 중간을 떡 하니 펼치고 한참을 노려보다가 덮어도, 책을 읽었다. 나는 그렇게도 읽는다.

책을 옆으로 뒤집어서 마지막 쪽의 쪽수를 보면 별안간 안심한다. 무언가에 쫓기는 듯 불안하던 마음이 일순간 차분해지면서 편안하다.

「누워서 하는 생각은 멀리도 간다」 창작시 177쪽

191 _거꾸로 읽는 버릇이 있다.

저녁 속으로 걸어가거나
저녁 밖으로 걸어 나오거나

「저녁의 집」 시작 노트

　　을지로4가역 8번 출구로 나와서 창경궁로를 걸으면, 거리 양쪽으로 다양한 가구 가게가 즐비하다. 사람들은 이 길을 을지로가구거리라고 부른다. 비싸지 않은 가격으로 마음에 드는 가구를 사고 싶었다. 전면이 유리로 된 가게 안을 찬찬히 살피며 걸었다. 그러다 보니 좀 천천히 그리고 좀 찬찬히 걷게 되었다.

　　그런데 맞은편 저만치에서 노숙인으로 보이는 사람이 아주 느린 걸음으로 걸어온다. 등에 커다란 보따리를 둘러메고 저녁 속으로 걸어간다. 절대 서두르지 않겠다는 각오가 그 사람의 발바닥에 꽉 찼다.

　　내 섣부른 예상이 맞다면 그 사람은 노숙자, 길이나 공원에서 한뎃잠을 자는 사람이다. 창경궁로에서 을지로4가 쪽으로 걷고 있는 걸 보면 지하철 역사로 가는 것일까? 입성과 보따리의 크기로 보아 나름 정해 둔 한뎃잠 거처가 있을 듯 보였다. 그 사람의 한뎃잠 거처는 가끔 혹은 자주 바뀔지도 모른다. 어쨌든 이건 다 내 선부른 추측일 뿐이다.

내 선부른 이야기를 계속해보면, 저녁이고 이 사람은 지금 저녁 속을 걸어 하룻밤 몸 누일 곳으로 가고 있다. 전광판이 켜진 버스정류장 벤치일까. 환하게 형광등을 밝히고 있는 을지로4가역 안일까. 그래 그곳이 어디든지 그 사람에게만 불 켜진 곳이겠지. 그렇게 결심해야 걸을 수 있겠지. 그렇게 결정해야 자리를 주장할 수 있겠지.

아침에 집을 나서는 사람이 매일 집으로 돌아오는 건 거기 집이 있기 때문이기도 하지만 기를 쓰고 돌아오려고 무진 애를 써서이다. 돌아오려고 애쓰지 않는다면 돌아올 수 없다. 예전에 한때 나는 그러한 일들이 매일 자연스럽게 반복된다고 생각했다. 몸이 알아서 집 쪽으로 걷는다고 믿었다. 그렇지만 주의를 조금 기울이면, 조금만 더 깊이 사정을 들여다보면, 우리는 매일 집으로 돌아가려고 온 힘을 다해 온종일 기를 쓰고 있다.

가끔은 길을 잃고 집으로 돌아오지 못한다. 마음이 떠나서, 예기치 못한 사고를 당해서, 여러 가지 사정이 생겨서, 괘씸해서, 미안해서, 뭐 그런 까닭이 생겨버리면

집은 먼 곳이 된다.

「저녁의 집」 창작시 180쪽

육교의 사주쟁이 노인
「구겨진 거미들」 시작 노트

여자중학교를 졸업했고 여자고등학교를 졸업했으며 여자대학교를 졸업했다. 그리고 여자대학교 대학원을 졸업했다. 여자대학교 후문 육교에는 사주풀이 책을 펼치고 호객하는 노인이 있었다.

문과대학은 정문으로 들어가서 걷고 또 걸어야 나왔다. 만일 후문으로 들어간다면 바로 문 옆에 있는 건물이었다. 점심시간마다 친구와 나는 서로에게 물었다. 오늘은 어디로 갈까? 선택지가 많은 것도 아니었다. 학생 식당과 정문 밖 식당 두어 곳과 후문 밖 식당 한 곳. 식당은 많았지만 갈 수 있는 식당은 어차피 정해져 있었다. 그리고 그곳들은 어디를 가도 붐볐다. 학생 식당은 몹시 붐볐고 후문 밖 식당과 정문 밖 식당은 붐볐다. 학생 식당으로 걸어가나 후문으로 나가나 걸음 수로는 비슷했다. 가끔 후문으로 나갔으며 아주 가끔 정문으로 나가서 점심을 먹었다.

후문으로 나가서 점심을 먹으려면 육교를 건너야 했다. 날씨가 몹시 나쁘지 않다면 사주풀이 책을 펼치고 앉은 노인을 자주 볼 수 있었다. 몸집이 작은 노인은 눈을 반쯤 감고 있었다. 중형 트럭이 육교 아래를 지나갈 때마다 노인의 사주풀이 책이 부르르 몸을 떨었고 알록달록한 부채는 금방이라도 새가 되어 날아오를 듯 풀썩거렸다.

점심 먹으러 가는 길에는 슬쩍 보고 지나쳤지만 학교로 돌아오는 길에는 노인의 앞에 쭈그리고 앉아 질문했다. 남자 친구는 언제 생기나요? 라고 묻고 싶은 스물두 살들을 흘끔 쳐다본 노인이 누런 책을 뒤적거리며 말했다. '언제 귀인이 들어오나 한번 볼까?'

목소리에도 주름이 진다는 걸 그때는 몰랐다. 노인의 손등에 자글자글한 주름을 보며 생각했다. 노인의 책은 볕에 누렇게 바라고 말았을까? 시간이 흘러 누렇게 삭은 걸까? 정오를 막 지난 햇볕은 만지면 바스락

소리를 내며 부서질 듯 얇고 환했다. 노인이 책장을 넘길 때 책 귀퉁이부터 가루처럼 부서지면 어쩌지, 걱정스러웠다.

노인이 내게 음력 생일을 물었다. 내가 태어나던 그해 유월에는 윤달과 평달이 있었는데 윤달인지 평달인지도 구분하지 못하는 노인이었다. 나는 또 그러거나 말거나 돈을 얼마간 지불하고 이것저것 물었다. 정확하게 얼마를 냈는지 생각나지 않지만 보통 사주집 가격의 십 분의 일 정도였지 싶다. 그렇지만 오고 가며 낸 돈을 합하면 결코 싸지 않았다.

같이 간 친구 하나가, 손금도 보시나요? 라고 물었다. 노인은 못 하는 게 없었다. 그러니 제대로 볼 줄 아는 것도 없었다. 친구들과 나는 모두 손바닥을 펼쳤다. 한 사람씩 차례로. 젊은 손금을 보는 노인의 손바닥은 빼곡했다. 이제 그때 노인의 손바닥 못지않게 빼곡해진 내 손바닥을 본다.

내 손바닥에 거미를 쥐었던 흔적이 있다. 손바닥을 툭툭 털자 거미가 튀어나왔다. 모른 척 딴청을 부리며 슬금슬금 가다가 재빨리 제 길로 사라진다.

그날 하늘은 스물두 살의 손금을 보았으려나. 가끔 꽉 쥔 주먹을 펴면 풀숲이 노래한다.

「구겨진 거미들」 창작시 172쪽

빈 몸으로 갈 수 없는데
어떻게 욕심을 버릴까.

「발목만 남았네」 시작 노트

잠을 자다가 자주 깨는 편이다. 하룻밤을 자는데 서너 번 정도 깼다면 꽤 잘 잔 날이다. 대여섯 번 정도 깼다면 그럭저럭 잘 잔 날이다. 열 번은 깬 것 같다고 느낀다면…, 간밤엔 여러 번 깼었다. 만일 아침 알람을 듣고 깼다면 그건 그 전날 쓰러지듯 잠들었다는 뜻이다. 무리한 날들이 여러 날 있었다는 의미이다.

화장으로 장례를 치르는 일이 보편적이지 않은 문화에서 자랐다. 오래전 엄마를 모신 장례를 떠올려본다. 삼베로 꽁꽁 싸맨 엄마를 관에 넣어서 산에 갔을 때 낯선 포크레인이 먼저 도착해서 구덩이를 파 놓고 한숨 돌리고 있었다. 삽 몇 개도 구덩이 옆에서 쉬고 있었다. 진달래가 피어서 먼 산은 무지하게 예뻤고 붉은 속을 들킨 산은 진달래꽃마냥 대책 없었다. 그렇게 그날 엄마를 산에 묻었다. 죽은 엄마가 도망이라도 가면 어쩌나, 걱정한 걸까? 죽은 몸이 옴짝달싹하지 못하게 하려는 듯 사람들이 시신을 꽁꽁 싸맸다. 외가의 선산으로 엄마를 모셨다.

　방학마다 외가에 갔었다. 버스를 타고 한 시간 정도면 닿을 수 있는 시골은 적당히 멀었다. 엄마를 모신 야트막한 산과 어릴 적 뛰어놀던 외갓집이 한동네에 있지는 않지만 엄마의 엄마네 집은 오래전에 헐리고 심지어 우리 엄마가 살던 집도 오래전에 헐렸는데 엄마가 돌아가신 후로도 나는 동생들과 함께 외갓집에 찾아가던 여름방학을 자주 떠올렸다. 대낮의 햇살과 첫 번째 갈림길에서의 망설임을 떠올렸다. 어찌저찌 갈림길을 지났는데 이번에는 갈림길이 없는 길이 길었다. 한참 이어지던 신작로의 막막함과 엄마가 손에 쥐여준 버스비를 더 자주 떠올렸다. 그리고 유년의 여름밤에 샛별이 보이는 마당에서 북두칠성을, 그 국자 모양을 왜 찾지 못했을까, 동생들도 삼촌도 잘 찾는 그 유명한 별자리가 내 눈에는 왜 도통 보이지 않았을까, 안타까웠다.

엄마가 가신 길이 너무 험하지 않았으면 좋겠다. 갈림길에선 엄마가 조금만 망설였으면 좋겠다. 신작로가 조금 길더라도 아주 조금만 아주아주 조금만 막막했으면 좋겠다. 엄마의 손에서 부디 따스한 햇살이 조물닥조물닥 놀았으면 좋겠다. 어느새 엄마의 한쪽 주머니에 빳빳한 햇살 몇 장 들었고 다른 쪽 주머니엔 요긴하게 써먹을 망설임 몇 개 들어서 엄마의 그 길이 외롭지 않았으면 좋겠다.

이제 나는 매장 장례를 더는 고집하지 않는다. 알고 보면 지금 당연한 일들, 그렇게 대단히 오래 해 온 일이 아닌 게 많다.

인도에는 가 본 적이 없다. 바라나시 화장터에선 매일 불을 피우고 매일 연기가 난다고 한다. 사진으로 봤고 영상으로 봤다. 어느 사진은 여행객이 찍었고 어느 영상은 다큐멘터리 팀이 촬영했다.

203 _빈 몸으로 갈 수 없는데 어떻게 욕심을 버릴까.

사람이 죽으면 가족이 장례를 치른다. 대개는 그러하다. 인도 바라나시의 보편적인 장례법은 화장이다. 매장을 하려면 구덩이를 파야 하듯 화장을 하려면 불을 피워야 한다. 불을 피우려면 땔감과 불쏘시개가 있어야 한다. 불쏘시개로 불을 피우고 피운 불을 꽤 긴 시간 동안 활활 타게 해야 한다. 불을 꺼뜨리지 않아야 죽은 몸을 끝까지 태울 수 있고 재로 만들 수 있다.

불 피울 장소가 필요하고 불쏘시개가 있어야 하고, 불을 유지할 땔감이 충분해야 하고, 시신을 태울 시간이 있어야 한다. 이러한 일련의 절차에는 돈이 든다. 죽은 몸을 태우는 일에는 돈을 많이 치러야 한다. 가난한 사람도 죽고 부자도 죽는다.

멋지게 태우지 않더라고 그저 다 태우려고만 해도 돈이 든다. 사는 동안 매일 밤 몸 누일 공간이 누구에게나 필요하듯이 말이다. 내 소유의 집이든, 빌린 집이든, 집이라 부를 수 있는 잠자리가 필요하다. 잠자리를 가지려면 돈을 내야 하듯 죽음을 태우려면 돈이 든다.

멋진 천으로 싸서 태우든 낡은 거죽으로 싸서 태우든 돈이 필요하다. 땔감을 넉넉하게 구매하시 못한 유가족의 죽은 사람은 미처 제 몸을 다 태우지 못했는데, 다 사라지지도 못했는데, 자리를 비켜줘야 한다. 바라나시 화장터에서는 종일 화장을 한다. 죽은 몸을 태우려 잠시 빌린 자리의 지척에서 다른 죽은 몸이 차례를 기다린다. 미처 타지 못한 살과 뼈를 화장장이가 툭툭 부수고 그래도 부서지지 않은 다리와 발목은 타다만 채로 강에 버려진다. 살려고 해도 돈이 들고 죽음을 수습하려 해도 돈이 든다.

분명 맨몸으로 왔는데 맨몸으로 온전히 갈 수 없다. 빈 몸으로 왔으니 욕심을 버리라는 말을 들었다. 빈 몸으로 갈 수 없는데 어떻게 욕심을 버릴까? 불에 활활 타는 육신을 보며 불 밖으로 나온 발목이 춥지는 않을까 염려되었다. 잠을 자다가 한기를 느껴 문득 잠에서 깨듯 혹시 너무 추워서 죽음에서 깰까 봐 걱정스러웠다. 죽은 몸이 깬다면 큰일이니까. 몸은 거진 다 타버렸는데 죽음에서 깬다면 큰일이니까.

　시신의 남은 발목을 먹으려고 살진 개가 어슬렁거린다고 한다.

　엄마를 산에 묻었던 날에, 산으로 먼저 와서 땅을 파놓은 노란 포크레인은 어떻게 그 산길을 올라왔을까? 그때도 궁금했고 지금도 궁금하다. 뒷산에 진달래가 흐드러졌던 어느 해, 노란 개나리가 지천이던 봄날, 하늘이 파랗던 그날, 죽은 몸의 손발을 묶어서 옴짝달싹 못하게 해 놓았는데,
　엄마, 엄마, 우리 엄마, 답답하지는 않았을까. 나는 아직도 엄마를 산에 모시던 그 화창한 날을 어슬렁거린다.

「발목만 남았네」 창작시 164쪽

9부
글 쓰는 사람의 자세

물 흐르듯

물은 온몸을 던져야 흐를 수 있는데

사물이 되어가는 지경

내가 바람이라면

점등

눈이 부시다.

양팔 벌린 감정

당신은 개성으로 가득하다.

물 흐르듯
물은 온몸을 던져야 흐를 수 있는데

물 흐르듯이라는 말이 있다. 사람들이 물 흐르듯이라는 말을 참 많이 사용한다. 칭찬할 때도 쓰고 혼낼 때도 쓴다. 정말 물 쓰듯이 쓴다.

물 흐르듯이란 자연스러운 것을 말한다. '자연스러운 상태를 어떻게 정의할 수 있을까?' 생각해보았다. 어떨 때 자연스럽다고 하는지 궁금해하다 보니 그럼 자연스럽지 못한 상태는 또 무엇인지 관심이 쏠렸다.

살다 보면 자연스럽지 못한 상황을 맞닥뜨리게 된다. 자연스럽지 못한 상태란 부자연스럽다는 뜻으로 억지스러운 상황이다. 상대방이나 제삼자를 억지스러운 상황으로 내모는 행위는 폭력적이다. 심지어 자신을 억지스러운 상태로 몰고 가는 마음과 행동도 폭력적이다.

부자연스럽다거나 억지스럽다면 혹여 폭력적이지는 않은지 의심해봐야 하지 않을까? 이러한 관심이야말로 작가가 가져야 할 덕목이지 않을까? 그런 생각을 하게 되었다.

도대체 자연스럽다는 것은 어떤 상황을 뜻할까? 평소 습관처럼 『표준국어대사전』에서 낱말의 뜻을 찾아봤다. '~스럽다'는 '그러한 성질이 있음'을 말하니 자연스럽다는 자연의 성질이 있다는 뜻일 테지. 자연은 사람의 힘이 더해지지 아니하고 저절로 생겨나는 것을 일컬으니 자연스럽다는 저절로 그리되는 것을 말한다.

물이 흐르는 장면을 자세히 들여다보면 물은 부딪치거나 부딪혀서 흐른다. 물은 수많은 물방울이 모인 집단이다. 물이 흐른다는 사실을 더 자세히 들여다보면 물방울이 얼마나 절실하게 흐르는지 보인다. 물방울은 다른 물방울에 부딪혀서 더 큰 물방울이 된다. 그 옆의 다른 물방울은 다른 물방울에 부딪혀서 개울 밖으로 튕겨 개울의 다른 곳에 떨어진다. 그리고 또 다른 물방울이 부딪혀와서 큰 물방울이 된다. 그 옆의 다른 물방울은 다른 물방울에 부딪히고 개울 밖으로 튕겨 개울 옆 풀숲에 떨어졌다. 물방울은 말라서 공기 중으로 흩어졌다. 구름이 되었다가 빗방울이 되어 개울에 떨어진다. 부딪히고 부딪치는 행위를 반복하며 개울로 흐르고 강이 되고 폭포로 쏟아지고 바다가 된다. 그리고 구름이 된다. 빗방울로 눈송이로 아침이슬로 다시 환생한다. 그것은 운명이고 숙명이다. 물방울의 윤회는 끝이 없다.

물은 만날 때도 온몸으로 부딪히고 헤어질 때도 온몸으로 부딪힌다. 돌에라도 부딪쳐야 하고 나뭇가지에라도 부딪쳐야 한다. 그런 방식이 아니면 한 치도 움직일 수 없고 한 걸음도 나아갈 수 없다.

물은 온몸을 던져야 흐를 수 있는데 사람들은 그러한 모습을 자연스럽다고 한다. 결국 자연스러운 상태를 만들거나 자연스러운 상태를 지키려면 온몸으로 살아야 한다는 뜻이라고 생각했다. 평범한 일상을 지키려면 온몸으로 걸어야 한다고 믿게 되었다.

　작가라면, 당신은 작가이므로 자연스럽지 못한 바를 못 본 척하지 말아야 한다. 평범하고 상식적인 일상을 지키려면 물 흐르듯 온몸으로 글을 써야 한다.

사물이 되어가는 지경
내가 바람이라면

출판사에서 일하고 있다. 월요일부터 금요일까지 글을 읽고 고친다. 어느 날 아침 부랴부랴 사무실로 들어서다가 책과 스티커가 떠드는 소리를 들었다. 잡동사니라고 부를만한 사무용품의 아우성도 들렸다.

안 보이니까 답답해.
소리만 들리니까 더 궁금해.
어제 사람들이 하는 얘기 들었지?
말이 된다고 생각해?

사무실 책장에 커튼을 달아 놓았다. 대충 꽂고 마구 쌓은 물품을 가릴 목적으로 나름 고르고 고른 커튼이다. 보일 듯 말 듯, 잔잔한 파도를 닮은 물결무늬가 천천히 흘렀다. 커튼을 나온 파도가 철썩철썩 쳤다. 책장을 가린 커튼을 활짝 걷었다. 자 이제, 마음껏 보고 실컷 웃고 흠뻑 우는 거야.

옛날에 섬에서 벌어진 이야기 하나 들려줄게요. 쉿! 어디서 소리가 나요. 누가 몰래 엿듣나 봐요. 큰일 났네! 누가 들었으면 어쩌지? 휘~잉~ 어떡해요! 바람이 지나가다 들었나 봐요. 아 참! 내가 바람이지. 깜짝이야. 누가 우리를 엿듣는 줄 알고 간이 콩알만 해졌네요.

1948년이었어요. 해방된 지 삼 년이 지났지만 사람들은 여전히 들떠 있었어요. 나도 신이 나서 섬 여기저기를 돌아다녔어요. 누렁이 털에 매달려서 내달리는 게 제일 재미있었어요. 내가 나타나면 누렁이는 마치 기다렸다는 듯 냅다 달렸어요. 누렁이 등에 타고 있으면 어느새 바닷가! 파도가 넘실거리다가 철썩 제 마음을 들키기라도 하면 누렁이도 홀딱 젖곤 했지요.

그럴 땐 얼른 동백꽃에게 날아갔어요. 흰 눈밭에 핀 동백꽃은 정말 붉고 예뻤어요. 문득 고개를 들면 한라산이 우리를 보고 있었지요. 섬에선 어디에 있어도 한라산이 보였어요. 한라산이 보고 있으니 마음이 놓였어요. 한라산아! 한라산아!

- 유수진, 『4·3표류기』 프롤로그

내가 바람이라면, 이라고 상상하며 쓴 짧은 산문이다. 역사만화 『4·3표류기』의 「들어가기」로, 책에서는 서정적인 그림과 함께 여러 페이지로 나눠서 배치했다.

내가 바람이라면 몸이 가볍겠지? 내가 바람이라면 산 중턱으로 휘익~ 날아가기 쉽겠지? 생각했다. 바람이 휘익~ 불어서 날아가는 장면을 떠올렸다. 내가 바람이라면 동네를 뛰어다니는 강아지의 털 사이에 쏙 들어가서 이동할 수도 있지 않을까? 마음속으로 그려 봤다. 바람은 가벼우니까 그럴 수도 있지 않을까? 생각하며 강아지 털이 바람에 날리는 장면을 떠올렸다. 꽃이 바람에 흔들리는 모습을 바람이 찾아와서 그렇다고 상상했다.

바람이 나이고 내가 바람이라면 날개 없이도 날 수 있으니 신이 나겠지. 한 곳에 오래 머물고 싶어도 떠나야 하니 속절없기도 하겠다.

내가 바람이라고 상상하다가 '내가 강아지 털이라면'으로 생각을 옮겼다. 강아지 털 입장이라면 바람이 야속했다. 바람은 나보다 힘도 세고 덩치도 큰데 왜 자꾸 내 몸에 슬쩍 체중을 보태는 거야. 나 혼자만으로도 힘든데 바람이 귀찮게 굴어서 더 힘들잖아. 개울에서 징검다리를 건너듯 상상에서 상상으로 객관적 상관물을 옮겼다.

사방에서 내게 말을 건다.

점등

눈이 부시다.

며칠 전까지만 해도 감나무는 빨갛게 달아오르는 태양 아래서 점점 파랗게 여름을 나고 있었다. 그 여름, 어떤 오후, 살을 파헤칠 듯 쏟아지는 햇빛을 맞으며 차라리 눈사람인 듯 이대로 녹아내리면 수월하지 않겠나 생각한 적도 있다. 빛도 한꺼번에 쏟아지면 어둠처럼 두꺼워서 수시로 캄캄했고 때로 무서웠다.

여름 내내 감나무가 심통 맞게 고집을 부린다고 생각했다. 급기야 서운하기까지 했다. 태양은 활활 타올랐고 감은 둥글게 단단해졌다. 붉게 타오르는 태양을 보며 내 심장은 타버릴 듯 붉어졌고 바스락바스락 소리까지 냈다. 감이 감나무에 매달려 파랗게 단단해지는 모습을 볼 때마다 내 발밑을 살폈다. 마음에 살얼음이라도 낀 듯 조심스러워서 넘어지지 않으려고 발바닥에 힘을 줬다. 그때 나는 하루에도 몇 번씩 부디 감도 감나무도 잡은 손을 놓지 말고 서로를 꼭 붙잡아주기를 소망했다는 걸 나중에야 알았다.

프랑스 파리가 섭씨 40도를 넘어섰다는 뉴스가 대서특필되었고 미국 데스밸리의 온도가 섭씨 50도까지 올라가며 이름처럼 정말 데스밸리가 되었다고도 했다. 서울에도 찜통 같은 더위가 여름 내내 계속되었고 어느 며칠은 펄펄 끓는 솥단지 같았다. 더워서 무서웠고 아니, 이렇게 더운데 파래질 수 있단 말이야? 파란 감을 보며 많이 외로웠다.

서울 시청역 근처에 있던 출판사가 감나무 많은 동네로 사무실을 옮긴 까닭은 저렴한 임대료였다. 감나무도 함께 사는 동네에는 고갯길과 언덕이 많았다. 아침마다 서쪽 끝에서 남쪽 끝으로 출근했다. 버스에서 내려서 감나무가 함께 사는 마을로 걸어갔다. 여름의 언덕을 매일 올랐으며 감잎이 푸드덕거리는 모퉁이로 돌아갔다.

여름의 무더위가 서서히 물러가고 있던 때로 기억

한다. 이제는 아침저녁으로 제법 서늘한 바람도 분다고 안심하던 날로 기억한다. 고집부리던 감나무에 딸깍, 불이 켜진 날이었다. 깜짝 놀라서 눈을 크게 뜨고 한참 감나무를 올려다봤다. 감 열매는 끝부터 붉어졌고 매일 조금씩 더 붉어졌다. 감나무에 전구를 달아 놓은 듯했다. 가을 내내 감탄했다. 가을의 정오는 때로 더웠고 때로 따가웠다. 감나무에 달린 수백의 빛을 오래 봤다. 골목 입구에서도 보고 가까이 걸어가 감나무 밑에 서서도 봤다. 수십 년 자란 감나무에 수백 개의 빛이 들어왔다.

가을이었다. 문득문득 설렜다. 사십 년 된 감나무들이 골목에 불을 켜 놓았다. 그 불은 낮 동안도 내내 빛을 내고 있었다. 딸깍, 여기야.

글을 어떻게 쓸까. 나는 도대체 무슨 말을 하고 싶어서 쓰는 행위에 매달리는가. 왜 쓸까. 내가 쓰고자 하는 궁극의 한 문장이 과연 뭐지. 이런저런 생각을 골똘히 하며 걸어가는 어느 날 문득, 감나무 열매가 눈을 뜨고 끔벅일 수 있다. 스카치테이프를 찾으려고 서랍을 열었더니, 서랍 안쪽에 든 건전지가 데굴데굴 앞쪽으로 구르며 투덜거릴 수도 있다. 이제 정말 시작이다. 내게 말을 걸어온 사물과 주저리주저리 떠들고 궁금한 게 있으면 물어보고 속상하면 투정도 부리며 함께 시간을 보내는 일. 평생의 글쓰기. 쓰는 행위의 세계에 도착한 걸 진심으로 축하한다.

하루가 지나면 빛은 더 붉어졌다. 붉은색이 이렇게 엷게 빛날 수 있다니, 매일 감탄했다. 그렇지만 딸깍, 불이 들어온 그 순간이 가장 밝았다. 눈이 부시다.

양팔 벌린 감정
당신은 개성으로 가득하다.

독특한 낱말을 구사한다면 세계관이 독특하다는 뜻이다. 당신은 개성으로 가득하다.

개성 있고 특별하고 독특한 낱말을 쓰고 싶다. 심지어 이상하기까지 하고 더 나아가 환상적인 세계를 만들고 싶다. 그래서 나는 가능한 멀리에서 상상하고 또 가능한 가까이에서 공상한다.

자신의 세계관을 버리는 일이 작가가 매일 하는 일이다. 매일매일 생각을 버리다 보면 구름 같은 마음이 걷히면서 거기, 세상을 바라보는 측은지심이 드러난다. 여기서 측은지심이란 대상에 대한 세밀한 관심을 의미한다. 세밀하게 관심을 기울이려면 깊은 애증이 있어야 한다. 사랑과 증오는 양팔 벌린 감정이다. 껴안으려면 두 감정이 한곳에서 만나야 한다.

자꾸 관심이 간다면 그 출발이 사랑이든 증오이든

내 주의를 끄는 상황이다. 내 마음을 잡아당기면서 왠지 신경 쓰이게 하는 무언가가 있다면 곰곰이 생각해 볼 필요가 있다. 그게 싫은 감정이라면 정말 싫은지 따져 볼 필요가 있다. 좋아하는 감정은 솔직한 편이다. 애정이 행동으로 나타날 때는 행위자의 성격에 따라 다른 방식을 보이지만 마음속에서는 좋아하는 마음이 잘 보인다. 아무래도 좋아하는 감정은 덜 위험한 감정이라 그런 듯하다. 그에 반해 미움은 조금 비겁해서 스스로 나타나기를 꺼리는 경향이 있다. 까닭은 모르겠는데 싫고 거슬린다면 그 마음을 들여다봐야 한다. 정말 싫을 수도 있다. 내 경우에 싫은 대상을 자세히 뜯어봤더니 내 신체 조건과 맞지 않은 데 이유가 있었다. 그리고 그런 까닭은 일관성을 보였다. 불쑥 미운 마음이 든다면 그래서 자꾸 신경이 쓰인다면 혹시 내가 그 대상을 좋아해서일지도 모른다. 나는 손해 보는 게 싫다. 좋아하는 마음이 생겨도 내게 손해인 듯 싶으면 좋아하는 마음을 쏙 감추고 다른 마음으로 변용한다.

작가가 대상을 잘 관찰하려면 솔직해야 한다. 솔직히만 글을 써도 독자의 공감을 불러온다. 그런데 막상 내 글의 객관적 상관물을 면밀하게 관찰하고자 할 때 수시로 비겁해지곤 했다. 솔직히 어려웠다. 솔직히 들여다보는 것도 어려웠고 솔직하게 쓰는 것도 어려웠다. 글쓰기 연습도 열심히 하고 필사도 하고 필타도 했지만 솔직하지 못하면 소용이 없었다. 솔직해야 객관적 상관물의 내부가 제대로 보인다. 그때야 비로소 양팔 벌린 감정처럼 멀지도 않은데 닿지 않던 마음이 서로를 인정하고 악수를 하고 손뼉도 치고 서로 껴안아 준다.

당신은 작가이다. 당신은 선택받는다. 당신을 응원한다.

「엉덩이 눈」 창작시 152쪽

선택받는 글쓰기
ⓒ 유수진, 2023

지은이_ 유수진

발 행 인_ 이도훈
편집기획_ 유수진
마 케 팅_ 황찬영
교   정_ 김미애
펴 낸 곳_ 도서출판 도훈
초판발행_ 2023년 12월 29일

사무실_ 서울시 서초구 법원로3길 19, 2층 W109호
       (서초동, 양지원빌딩)
전 화_ 02) 595-4621, 010-6722-4621
팩 스_ 050-4227-4621
이메일_ flyhun9@naver.com
홈페이지_ www.dohun.kr

ISBN_ 979-11-92346-65-6 03810
정가_ 14,500원

이 책은 경기도, 경기문화재단의 지원을 받아
발간되었습니다.